www.ingramcontent.com/pod-product-compliance
Lightning Source LLC
LaVergne TN
LVHW050758051026
849532LV00008B/2900
9789369080700

اردو ادب : کچھ جائزے

(حصہ دوم)

(مجلہ 'پیش رفت' کے شماروں سے ماخوذ مضامین)

مرتبہ:

ادارہ پیش رفت (نئی دہلی)

Urdu Adab : kuch Jaizey - Part-2 *(Literary Essays)*
by: Idara Peshraft
Edition: April '2025
Publisher :
Taemeer Publications LLC (Michigan, USA / Hyderabad, India)

ISBN 978-93-6908-070-0

کتاب	:	**اردو ادب : کچھ جائزے** (حصہ دوم)
مرتب	:	**ادارہ پیش رفت** (نئی دہلی)
صنف	:	تحقیق و تنقید
ناشر	:	تعمیر پبلی کیشنز (حیدرآباد، انڈیا)
سالِ اشاعت	:	۲۰۲۵ء
صفحات	:	۸۰
سرورق ڈیزائن	:	تعمیر ویب ڈیزائن

فہرست

صحافت اور ادب کا رشتہ

محمد معتصم باللہ

ادب اور صحافت کے فرق کو واضح کرنے کے لیے یہ کہا جا سکتا ہے کہ ادب اقدارِ حیات کی تطہیر، پاکیزگی اور حسن کا نام ہے۔ برعکس اس کے صحافت ہیجان، اشتعال، جذبات کی برانگیختگی کا ذریعہ ہے۔ ادب لمحات، وقت اور زماں کو اپنی گرفت میں رکھتا ہے۔ صحافت لمحات، وقت اور زماں کے ساتھ چلتی ہے۔

اس پس منظر میں عالمی تاریخ پر اگر نظر ڈالی جائے تو اندازہ ہوگا کہ صحافت نے صرف عظیم سیاسی رہ نما ہی نہیں پیدا کیے بلکہ چرچل، گاندھی جی، مولانا ابو الکلام آزاد، ایڈمنڈ برگ، تھیکرے، مولانا محمد علی جوہر، عابد علی خاں، عبد المجید انصاری، مولوی باقر دہلوی، مولانا ظفر علی خاں اور حسرت موہانی وغیرہ جیسی عظیم شخصیتیں انھی سنگلاخ وادیوں سے گذرتے ہوئے عالمی منظر نامے میں شمار کیے جاتے ہیں۔

اردو صحافت اور ادب کو ایک دوسرے کے لیے لازم و ملزوم قرار دیا جائے تو غلط نہ ہوگا۔ اردو صحافت نے ادب کو فروغ دیا اور ادب نے اردو صحافت کو جلا بخشی۔ بیشتر صحافی اپنے دور کے نامور ادیب اور شاعر بھی رہے۔ ان نامور صحافیوں نے شعر و ادب کے میدان میں بھی اپنے آپ کو منوایا۔ تقسیم وطن کے وقت ادبی دنیا، نیا ادب، ادب لطیف کی بڑی دھوم تھی۔ ڈاکٹر ہمایوں اشرف کے بموجب آزادی کے بعد ادب و صحافت کو نئی زندگی بخشنے والے اخبار و رسائل کے چند نام یہ ہیں۔ رہ نمائے دکن، ہند سماچار، بلٹز، آئینہ، انقلاب، اردو ٹائمز، سالار، نشیمن، آزاد ہند، ملاپ، پرتاپ، صداقت، سیاست، آزاد ہند، اخبار مشرق، ساتھی، ہماری زبان، قومی تنظیم، منصف، صحافت، اعتماد، اردو ادب، نوائے ادب، معیار، تہذیب، صبح نو، شاعر، صنم، آج کل، شاہ راہ، کتاب نما، شب خون، الفاظ، کتاب، روح ادب افکار، سیارہ، اشارہ، سیپ، طلوع افکار، روبی، شمع، بیسویں صدی، خاتون مشرق، گلابی کرن، پاکیزہ آنچل، دوشیزہ، خاتون، آج کی خاتون، ہما، شبستان، فلمی تصویر، چار رنگ، ہزار رنگ، کہکشاں، شگوفہ، فنون، نقوش، روح اردو، مباحثہ، مریخ، سوغات اور ایوان اردو وغیرہ۔

ممتاز ناقد، صحافی اور ادیب جناب پروفیسر عبد المغنی کے مطابق ہندوستان میں برطانوی اقتدار کے قائم ہونے کے بعد تعلیم و تہذیب کی سطح پر اور علمی حلقوں میں مغربی علوم و فنون کے ساتھ دل چسپی بڑھنے لگی۔ اور ہندوستان کے اہلِ فکر نے اپنے سماج اور افراد کی اصلاح و ترقی کے لیے کتابوں اور رسالوں کی اشاعت کے ادارے بھی قائم کیے۔ تحریکیں بھی چلائیں ان میں سرسید احمد خان کا رسالہ 'تہذیب الاخلاق' پیش پیش تھا جو بیک وقت علمی و ادبی اور مذہبی و معاشرتی مضامین شائع کرتا تھا۔ وقت کے ساتھ ساتھ اخبارات اور جرائد میں اشعار کے گلدستہ کا رواج بڑھنے لگا۔ شعرا کا کلام ان کا تعارف شائع ہونے لگا۔ پھر نظم و نثر کے ملے جلے رسالوں کا فروغ بھی ہوا۔ ان میں 'سب رس'، 'شاعر' قابل ذکر ہیں۔ افسانوی اور مزاحیہ ادبیات کا فروغ بھی ساتھ ساتھ ہوا۔ منشی سجاد حسین

کا 'اودھ پنچ' اور مولانا عبدالحلیم شرر کا 'دلگداز' اس رجحان کے نمائندے تھے۔ جناب عبدالمغنی اپنے ایک مقالہ میں لکھتے ہیں کہ "بیسویں صدی میں آزادی سے قبل کی ادبی صحافت ایک نشاۃ ثانیہ کے اس ہمہ گیر رجحان کی ترجمان تھی جو 19 ویں صدی کے اواخر سے اردو زبان و ادب کی تاریخ میں شروع ہو چکا تھا۔ اس رجحان کے مختلف عناصر کے علم بردار ایک طرف مذہب پسند تو دوسری طرف قوم پرست اور تیسری طرف اشتراکیت پسند تھے، اس پس منظر میں بیسویں صدی کی ادبی صحافت کا آغاز ہوا"۔ آزادی سے قبل کے ادبی رسائل میں طباعت کی جدید ترین سہولتوں کے فقدان کے باوجود پیش کش کی نفاست پر زور دیا جاتا تھا۔ انھیں اپنے رسالے کی اشاعت کی فکر اشتہارات اور سرکاری سر پرستی سے زیادہ تھی۔ یہی وجہ ہے کہ ان کے خریداروں کے مستقل حلقے ہوتے تھے۔ یہ علم و ادب کی حقیقی قدر شناسی تھی۔ ایسے رسائل اخبارات و جرائد میں 'الندوہ لکھنو' جو علامہ شبلی کی سرپرستی میں شائع ہوتا تھا مجلسِ ادارت میں مولانا آزاد اور مولانا سلیمان ندوی جیسی شخصیات شامل تھیں۔ 'الہلال' ابو الکلام آزاد کی ادارت میں کلکتہ سے شائع ہوا اور اردو دنیا پر چھا گیا۔ 'معارف اعظم گڑھ' کے مدیر مولانا سید سلیمان ندوی تھے۔ 'صدق' مولانا عبدالماجد دریابادی کے رشحات قلم کا آئینہ دار تھا۔ انجمن ترقی اردو کا ترجمان 'اردو' ایک لسانی ادبی تحریک کا علم بردار تھا جس کے قائد اور مدیر بابائے اردو مولوی عبدالحق تھے۔ جامعہ ملیہ اسلامیہ دہلی کا ترجمان 'جامعہ' کی علمی خدمات کا مسلّمہ رہا۔ 'نیرنگ خیال' کی تاریخ رہی۔ 'عالمگیر'، 'ادبی دنیا' 'نیاز فتح پوری کا 'نگار' شاہد احمد دہلوی کا 'ساقی' 'اختر شیرانی کے ''خیالستان'' اور 'رومان' کو اردو ادب و صحافت کا سنگ میل کہا جاتا ہے۔ مولانا حسرت موہانی کے زیر ادارت 'اردوئے معلّیٰ' دنیائے ادب کو منور کرتا رہا۔ ('عبدالمغنی'۔ ادبی صحافت۔ اردو صحافت۔ مسائل اور امکانات')

آزادی کے بعد اگرچہ ادبی صحافت میں وہ دم خم نہ رہا۔ اس کے باوجود جن اخبارات جرائد و رسائل نے اپنے آپ کو زندہ رکھا ان میں 'آج کل'، دہلی جو جوش ملیح آبادی کی ادارت میں شروع ہوا تھا اب فرحت پروین کی ادارت میں جاری ہے۔ رسالہ 'اردو' کی جگہ انجمن ترقی اردو کا رسالہ 'ہماری زبان' علی گڑھ سے جناب آل احمد سرور کی ادارت میں چلتا رہا۔ انجمن ترقی اردو کا ہفتہ وار 'ہماری زبان'، 'اعظم گڑھ کا 'معارف' اب بھی ادب کی خدمت میں مصروف ہے۔ سیماب اکبر آبادی کی یادگار 'شاعر' ممبئی سے افتخار امام صدیقی کی ادارت میں شائع ہوتا رہا ہے اور اس نے اپنی عمر کے 85 برس مکمل کر لیے۔ 'شمع'، 'بیسویں صدی'، 'خاتون مشرق'، 'آئینہ' نے اردو ادب کی کافی خدمات انجام دیے۔

دور حاضر میں تقریباً سبھی روزنامے اور جرائد نے گوشہ ادب سے اپنا رشتہ استوار رکھا ہے۔ ہفتہ وار ادبی ایڈیشن کے اخبارات و جرائد جان ہوتے ہیں جن میں سیاست، منصف، رہنمائے دکن، اعتماد 'راشٹریہ سہارا'، 'انقلاب'، 'اردو ٹائمز'، 'سالار'، 'آزاد ہند'، 'آبشار'، 'نئی دنیا'، 'گواہ'، شامل ہیں، زبان و ادب کے معمار سمجھے جاتے ہیں حالاں کہ انھوں نے اپنے کچھ صفحات شعر و ادب کے لیے بھی مختص کیے۔ 'شگوفہ' مزاحیہ ادب کی ترجمانی کرتے ہوئے اپنی اشاعت کی نصف صدی کی طرف رواں دواں ہے۔ کئی رسائل ہندوستان میں شعر و ادب کی ترجمانی کرتے ہیں۔ ان میں 'سب رس'، 'خاتون مشرق'، 'گلابی کرن' وغیرہ قابل ذکر ہیں۔ اردو کے فروغ اور ہر عمر کے قاری کی دل چسپی کو برقرار رکھنے میں جاسوسی ادب کا بھی نمایاں رول رہا ہے۔ آزادی سے پہلے جاسوسی یا اساطیری ادب، انگریزی کے تراجم پر مشتمل ہوتے تھے۔ ابن صفی نے اپنی تحیر آمیز تحریروں سے جاسوسی ادب کو اتنا مقبول عام بنا دیا تھا کہ ان کے ناولوں کو پڑھے بغیر رہا نہیں جا سکتا۔ ابن صفی اور جاسوسی ادب کی مقبولیت کے باوجود تنگ نظری کا مظاہرہ کرتے ہوئے اسے ادب میں شامل نہیں کیا گیا تاہم اس عظیم جاسوسی ناول نگار کی وفات کے 32 برس

کے بعد ان کی خدمات کا نہ صرف اعتراف کیا گیا بلکہ اردو دنیا میں ان کی شخصیت اور خدمات پر بین الاقوامی سمیناروں کا اہتمام بھی کیا جارہا ہے۔ ابن صفی کے ہمعصر جاسوسی ناول نگاروں میں اکرم الہ آبادی، ایچ اقبال قابل ذکر ہیں۔سلامت علی مہدی اور کچھ گمنام ناول نگار قانون والا کے فرضی نام سے شمع ادارے کی جانب سے شائع ہونے والے ماہنامہ 'مجرم' کے لیے لکھا کرتے تھے۔ اب تو جاسوسی ناول نگار تقریباً ناپید ہو چکے ہیں۔ اگر چہ پاکستان میں نئی نسل نے اس صنف میں طبع آزمائی کی ہے اور ان کو خاطر خواہ عوامی تائید بھی ملی ان میں ایم اے راحت قابل ذکر ہیں۔ جاسوسی ادب نے جرم وسزا سے اردو قارئین کا رشتہ جوڑا پھر ایسے کئی رسائل وجرائد شائع ہونے لگے جو مکمل جرائم سے متعلق ہوا کرتے ہیں۔ ان میں 'جرائم کی دنیا' اور 'جرائم' قابلِ ذکر ہیں۔

ادب نے صحافت کو فروغ دیا یا صحافت نے ادب کا تحفظ کیا؟

یہ سوال اپنی جگہ۔ مگر یہ ایک حقیقت ہے کہ ادب اور صحافت کا رشتہ تب سے ہے جب سے دونوں کا وجود ہوا۔ دونوں ایک دوسرے کے لیے لازم وملزوم رہے ہیں۔جس طرح سے آپس میں آوازوں سے پیامات کی ترسیل جو کسی قواعد وضوابط سے بے نیاز ہوتی ہے و'بولی' کہلاتی ہے مگر جب یہی تحریر میں آتی ہے تو وہ 'زبان' کہلاتی ہے جس میں ادب پیش کیا جاتا ہے۔مختلف اصناف سخن کے الگ الگ نام دیے گئے ہیں، مگر جب یہ کسی وسیلہ سے عوام الناس تک پہنچائے جاتے ہیں تو وہ ادبی صحافت کہلاتے ہیں۔ ہر دور میں ادب اپنے اپنے اندازوں میں عوام میں مقبول رہا چاہے وہ مذہبی تصانیف ہوں یا ڈرامے کا انداز، شاعری، نثر، یا کچھ اور۔ دورِ قدیم سے ہی کسی نہ کسی طرح سے اسے پیش کیا جاتا رہا۔ جہاں تک اردو ادب اور صحافت کا تعلق ہے، اصنافِ سخن صحافت کا لازمی حصہ رہے۔شعرائے کرام کا کلام، مضامین، مشاہیر کے خطوط، اخبارات، رسائل اور جرائد شائع کرتے رہے ہیں۔ ادب نے صحافت کو وقار عطا کیا اور صحافت نے ادب کو شہرتِ بام تک پہنچایا۔ یوں تو کلاسیکی ادب اور ترقی پسند ادب کا جھگڑا چلتا رہا۔ مگر ہر دور نے اردو کی لاج رکھی اور صحافت کے اقدار کے استحکام میں اہم رول ادا کیا۔ ڈاکٹر سلیم اختر نے اردو ادب کی مختصر ترین تاریخ آغاز سے 2000ء تک میں لکھا ہے کہ: "لفظ سے لفظ پیوست ہوا تو مالا کے مانند فقرہ ظہور پذیر ہوا اور گلدستہ جیسی تخلیق صدا بیانی کی صورت میں لفظ نے حقیقت بیانی سے کوائف مہیا کیے تو پیچیدگی سے تخلیق کا ترفع پایا"۔ لفظ کے دونوں رخ قابلِ قدر ہیں۔ تاریخ ادب کی تعریف کچھ اس طرح کی ہے۔"کسی زبان کے جغرافیائی حدود سے مخصوص انسانی، روحانی، تہذیبی، تمدنی، سماجی، سیاسی اور اقتصادی عوامل کے محرکات کے عمل اور ردِّ عمل سے تشکیل پانے والے ذہنی تناظر میں وقوع پذیر ہونے والی تخلیقات ادب کہلانے لگی، جن کا معیار بندی، لسانی مضمرات اور تخلیقی شخصیات کا مطالعہ، تاریخ نگاری اور ان کا زیرک مطالعہ تجزیہ وتحلیل اور تشریح" سے موسوم ہوگیا۔

تاریخ گواہ ہے کہ جن اخبارات ورسائل نے ادب کو اپنا ایک حصہ بنایا ان کی عمر طویل رہی اور قارئین کے ہر طبقہ میں ان کی پذیرائی ہوتی رہی۔جن اخبارات اور رسائل میں صحافتی زبان میں ادب کی آمیزش کی گئی، وہ ہاتھوں ہاتھ لیے گئے۔مولانا آزاد کا 'الہلال'، 'البلاغ' ہو یا مولانا عبد الماجد دریابادی کا 'صدق جدید'، سرسید کا 'تہذیب الاخلاق' ہو یا مولوی عبد الحق کا رسالہ 'اردو' ان سب نے ادبی چاشنی کے ساتھ صحافت کے اعلیٰ اصول واقدار کی مثال قائم کی۔ ادبی تحریکات کے فروغ میں اخبارات نے بھی اہم رول ادا کیا۔ چناں چہ ترقی پسند تحریک کے اپنے ترجمان اخبارات وجرائد رہے اور اس مکتبہ فکر کے شعرا اور ادیبوں کی نگارشات قلم کی اشاعت کے لیے کچھ جرائد واخبارات مخصوص رہے۔ اردو دنیا نے ادب کے تحفظ اور فروغ کے لیے مخصوص اخبارات اور جرائد شائع کیے۔

اردو صحافت اور ادب آج کے انفارمیشن ٹکنالوجی کے دور

میں ایک نئی زندگی حاصل کر رہے ہیں کیوں کہ جہاں انٹرنیٹ نے اردو صحافت اور ادب کو سرحدوں سے بے نیاز کر دیا وہیں شعر و ادب کو دنیا بھر میں عام کر دیا۔ اب تو شعرا اور ادیبوں کا کلام انٹرنیٹ، ویب سائٹ و مختلف بلاگس پر دستیاب ہے۔ کئی ایسے اردو پورٹلس آپ کو مل جائیں گے جس میں آپ اپنے محبوب شعرا کا کلام کمپیوٹر اسکرین یا موبائل اسکرین پر پڑھ سکتے ہیں، اس پر رائے دے سکتے ہیں، یوٹیوب پر انھیں ہی کلام پڑھتے ہوئے دیکھ سکتے ہیں یا پھر ان کے کلام کو کسی گلوکار یا غزل سنگر کی آواز میں سن سکتے ہیں۔ اب تو نیٹ مشاعرے ہونے لگے ہیں۔ طرحی اور غیر طرحی مشاعرے بھی عام ہونے لگے ہیں۔ 'بزمِ فروغ اردو' یا 'صدف انٹرنیشنل' قطر اس کے لیے مشہور ہو چکے ہیں۔ اس مشاعرے میں جس کا اہتمام دوحہ میں کیا جاتا ہے، شعرائے کرام دنیا کے کسی بھی خطہ سے اپنا کلام انٹرنیٹ کے ذریعے بھیج دیتے ہیں جسے مشاعرے میں سنایا جاتا ہے۔

کئی ہستیاں یقیناً انٹرنیٹ اور سوشل میڈیا کے استعمال سے اردو کے کلاسیکی ادب کو محفوظ کر کے اسے نئی نسلوں تک پہنچانے کا کارنامہ انجام دے رہی ہیں۔ یقیناً آنے والی نسلیں ان کی احسان مند رہیں گی۔ اسی طرح اردو ادب اور صحافت انٹرنیٹ اور سوشیل میڈیا کی بدولت عام ہو چکا ہے جنھیں دل چسپی نہیں تھی وہ بھی دل چسپی لینے کے لیے مجبور ہیں۔ اردو لغات سے لے کر مختلف زبانوں میں ترجمے تک کی سہولت نے اردو ادب اور صحافت کو ایک نئی زندگی عطا کی ہے۔ اخبارات کے آن لائن ایڈیشنس اور ای۔ میل ایڈیشن نے اخبارات کی زمرہ بندی اور درجہ بندی کے فرق کو ختم کر دیا۔ گھر کے ایک کمرا سے بھی ایک مکمل اخبار انٹرنیٹ کے ذریعے ساری دنیا میں پہنچایا جا سکتا ہے اور اسی طرح اطلاعات، تصاویر، پیغامات بھی وصول کیے جا سکتے ہیں۔ یہاں اس بات کی اہمیت نہیں ہے کہ اردو صحافت میں کس نے آن لائن ایڈیشن کی شروعات کی۔ اہمیت اس بات کی ہے کہ آج سبھی اخبارات و جرائد کے آن لائن ایڈیشن موجود ہیں۔ جن میں سے چند ایک کے نام لیے جا سکتے ہیں۔ آن لائن ایڈیشن کی بدولت اطلاعات کا تبادلہ اخبارات کے درمیان ہونے لگا ہے۔ یہ ایک صحت مندانہ علامت ہے۔ سمعی و بصری میڈیا کے چند ہی چینل ایسے ہیں جن کے بارے میں یہ رائے قائم کی جا سکتی ہے کہ یہ صحافتی ذمہ داریوں کو حتی الامکان پورا کرنے کی کوشش کر رہے ہیں۔ انھی موجودہ صورت حال میں صحافت کو جمہوریت کا چوتھا ستون کہنا بہت حد تک مناسب ہوگا ورنہ بیشتر چینل ایسے ہیں جو جمہوریت اور صحافت دونوں کے قتل عام میں رات دن مصروف رہتے ہیں اور یہ صحافت جیسے باوقار پیشہ کو جو کبھی مشن سمجھا جاتا تھا، تجارتی اداروں میں منتقل کرنے کی اپنی معتبر جدوجہد میں شب و روز مصروف ہیں۔ ان سے صحافت کو شرمندگی بھی اٹھانی پڑتی ہے اور جمہوریت بھی خجل اور کم زور ہونے لگتی ہے۔ ■

ماخذ

(۱) اردو صحافت کا سفر۔ گربچن چندن، صفحات 169-171
(۲) Contribution of Non-Muslims in promotion of Urdu wikipedia.
(۳) Birth of Urdu Journalism in the Indian subcontinent.
(۴) اردو شاعری اور حب الوطنی۔۔ ڈاکٹر محمد شجاعت علی راشد، ص 175
(۵) روزنامہ اعتماد، 3/نومبر 2013

خلیل الرحمن اعظمی کی تحقیقی و تنقیدی بصیرت

ڈاکٹر آفتاب عالم اعظمی

ادب اردو کے جدید شعرا اور نقادوں میں جو ادبی وشعری شخصیات نمایاں رہی ہیں، ان میں خلیل الرحمن اعظمی کو ایک عبقری مقام حاصل ہے۔ انھوں نے ادب کے وسیع تر مطالعہ اور تجربوں سے اپنی غزلوں اور نظموں میں نئی نئی سمت کی نشان دہی کی۔ آزادی کے بعد جن نوجوان شعرا میں عرفان میر کا رجحان پیدا ہوا، خلیل الرحمن اعظمی ان میں پیش پیش تھے۔ روایت شناسی اور عصری آگہی کا امتزاج ان کے کلام کا وصف خاص ہے۔ یہی وجہ ہے کہ وہ اردو شاعری کی جدید ادبی دنیا میں عزت واحترام کی نگاہ سے دیکھے جاتے ہیں۔

خلیل الرحمن اعظمی (۱۹۲۷ تا ۱۹۷۸) مشرقی یوپی میں اعظم گڑھ کے ایک دینی اور علمی گھرانے میں پیدا ہوئے۔ ان کے والد مولانا محمد شفیع (بانی مدرسۃ الاصلاح، اعظم گڑھ) کی حیثیت علاقے میں ایک داعی اور رہبر قوم کی تھی۔ خلیل الرحمن اعظمی نے ابتدائی تعلیم اسی مدرسے سے حاصل کی۔ شبلی نعمانی کے قائم کردہ اسکول 'نیشنل کالج' سے میٹرک پاس کیا اور علی گڑھ مسلم یونی ورسٹی میں اعلیٰ تعلیم کے مدارج طے کرتے ہوئے یونیورسٹی کے ہی شعبہ اردو میں بحیثیت لکچرر ۱۹۵۳ء میں اپنی خدمات شروع کی اور تاعمر اس سے وابستہ رہے۔ شعبہ اردو سے منسلک رہتے ہوئے انھوں نے پی ایچ ڈی کا مقالہ 'اردو میں ترقی پسند ادبی تحریک' پروفیسر رشید احمد صدیقی کی نگرانی میں لکھا۔ جس کی حیثیت ادب اردو میں تاریخی دستاویز کی ہے۔

کتب بینی اور ادبی کتابوں کو پڑھنے کا بڑا شوق تھا۔ جہاں جہاں وہ زیر تعلیم رہے، وہاں کی لائبریری میں موجود ادبی کتابوں سے استفادہ کیا۔ گاؤں میں بھی ایک لائبریری قائم تھی جس کے سکریٹری وہ خود تھے۔ ایک قلمی رسالہ "بیداری" نکالا۔ جس میں وہ خود بھی لکھتے اور گاؤں کے دوسرے ہم جماعت طالب علموں سے بھی لکھواتے۔ ابتدائی شاعری میں میر کا لہجہ اپنایا لیکن بدلتے رجحانات کے سبب فراق اور بعد میں فیض کے جدید لہجے میں اپنی شاعری کی اساس رکھی اور اس میں بھی انفرادیت قائم کی۔

خلیل الرحمن اعظمی ادب اردو کے جدید شاعر ہی نہیں بلکہ ادب کے ماہر محقق اور نقاد بھی تھے۔ ۱۹۴۸ء میں جب وہ بی اے کے طالب علم تھے تو انھوں نے خواجہ حیدر علی آتش پر ایک تحقیقی و تنقیدی مقالہ لکھا جو رسالہ "نگار" میں قسط وار شائع ہوا۔ ادبی حلقوں میں اس مقالے کی خوب پذیرائی ہوئی۔ اس کے ایڈیٹر نیاز فتحپوری نے اپنے اداریے میں لکھا ہے: "ان مضامین میں وہی آن بان ہے جو آتش کی شاعری کی خصوصیت خاصہ ہے۔" اور استاذ پروفیسر رشید احمد صدیقی نے خلیل الرحمن اعظمی کو 'آتش پرست' کا خطاب دے ڈالا۔ یہ مقالہ 'مقدمہ کلام آتش' کے نام سے ۱۹۵۹ء میں شائع ہوا۔ اس مقالے کے تعلق سے خلیل الرحمن اعظمی مقدمہ کلام آتش کے احوال واقعی میں لکھتے ہیں:

> "یہ مقالہ تنقید یا تحقیق کے کسی ادعا کے بغیر آتش کی شاعری کے بنیادی عناصر اور ان کے شعری مزاج کو سمجھنے اور سمجھانے کی ایک مخلصانہ کوشش ہے۔ اس موضوع پر اسے حرف

آخر نہیں بلکہ حرف اول کی حیثیت سے پڑھنا چاہیے۔ اس تعارفی تنقید نے معتبر اور مستند لکھنے والوں کو آتش پر تفصیلی تنقید کے لیے اکسایا تو میں سمجھوں گا کہ میری سعی رایگاں نہیں ہوئی۔"(۱)

اس مقالے کی اشاعت کے بعد ہی خلیل الرحمن اعظمی کی شخصیت نقاد کی حیثیت سے نمایاں ہوئی اور ادبی دنیا میں قدر کی نگاہ سے دیکھی جانے لگی۔ خلیل الرحمن اعظمی جب مکتب سے اعلیٰ تعلیم کے مدارج طے کر رہے تھے تو اس وقت ترقی پسند تحریک اپنے عروج سے زوال کی طرف رواں تھی۔ انھوں نے بھی اس تحریک کی روایتی رکنیت حاصل کی اور علی گڑھ شاخ کے سکریٹری بنائے گئے لیکن تحریک سے بغیر کسی اختلاف و انحراف کے جدید شاعری میں اپنا قدم جمانا شروع کیا اور شاعری میں نئی نئی اور جدید طرز شاعری کی نشان دہی کی۔ ایک طرح سے انھوں نے اردو شاعری میں نئے طرز کی بنیاد رکھی۔

ایم اے کی تعلیم مکمل کرنے کے بعد خلیل الرحمن اعظمی 'علی گڑھ گزٹ' کے ایڈیٹر ہوئے۔ اپنے تحقیقی و تنقیدی مضامین کے ذریعے اس گزٹ کو علمی و ادبی حلقوں میں روشناس کیا جس سے گزٹ کی مقبولیت بڑھی اور پڑھنے والوں کی تعداد میں خاطر خواہ اضافہ ہوا۔ اس گزٹ کو علمی و ادبی حلقوں میں خوب سراہا جانے لگا مگر چند ارباب گزٹ کو یہ بات پسند نہ آئی اور مخالفت شروع کر دی جس کے نتیجے میں خلیل الرحمن اعظمی کی ادارت موقوف ہوگئی۔ اس گزٹ میں خلیل الرحمن اعظمی نے کئی اہم شعرا پر تحقیقی و تنقیدی مضامین لکھے اور کچھ مضامین اس وقت کے مقبول رسائل 'نگار' اور 'آج کل' میں شائع ہوئے۔ یہ تحقیقی و تنقیدی مضامین دس اہم شعرا غالبؔ، ظفرؔ، دردؔ، حسرتؔ، داغؔ، مومنؔ، جوشؔ، جمیل مظہری، مجازؔ اور جذبیؔ کی شاعری پر مشتمل ہیں۔ ان مضامین کا مجموعہ "فکر وفن" کے نام سے ۱۹۵۶ء میں شائع ہوا۔ یہ سب مضامین شخصیت اور شاعری سے متعلق ہیں جن کو خلیل الرحمن اعظمی نے ایک نئے زاویے سے تحریر کیا ہے۔ ان مضامین کے شائع ہوتے ہی خلیل الرحمن اعظمی ایک معتبر اور معروف نقاد کی صف میں شامل ہو گئے لیکن وہ تنقید نگاری کو پیشہ بنا لینے کے سخت مخالف تھے۔ ان مضامین کے بارے میں مجموعہ 'فکر وفن' کے معروضات میں خلیل الرحمن اعظمی لکھتے ہیں:

"مجھے اس بات پر اصرار نہیں کہ ان مضامین کو تنقید کے زمرے میں شامل کیا جائے۔ میں نے مروجہ تنقیدی نظریات اور اصولوں کی پابندی کم کی ہے۔ اچھے ادب کا براہ راست مطالعہ اور ادب کے خصوصیات کو سمجھنے اور ان کا معیار اور سطح مقرر کرنے سے مجھے زیادہ دل چسپی رہی ہے۔ ایسا نہیں کہ میں ان تنقیدی اصولوں سے ناواقف ہوں۔"(۳)

۱۹۵۷ء میں خلیل الرحمن اعظمی نے اپنا تحقیقی مقالہ 'اردو میں ترقی پسند ادبی تحریک' مکمل کیا، جس پر علی گڑھ مسلم یونی ورسٹی نے پی ایچ ڈی کی ڈگری تفویض کی اور اسے انجمن ترقی اردو (ہند) نے ۱۹۷۲ء میں پہلی بار شائع کیا۔ علی گڑھ مسلم یونی ورسٹی کے شعبہ اردو میں لکچرشپ مل جانے کے بعد ان کی زندگی خوش گوار ماحول میں گزرنے لگی۔ ان کے احباب کا حلقہ بہت وسیع تھا۔ دیکھتے ہی دیکھتے ان کا گھر علمی و ادبی سرگرمیوں کا مرکز بن گیا۔ خلیل الرحمن اعظمی اپنے ایک انٹرویو میں کہتے ہیں: "ہندوستان و پاکستان کا شاید ہی کوئی ادیب ایسا ہوگا جو علی گڑھ آیا ہو اور ہمارے گھر نہ پہنچا ہو۔" اس طرح تمام ہی نامور ادیب، شاعر اور نقاد ان کے علمی و ادبی صلاحیتوں کے قائل اور معترف ہو گئے یہاں تک کہ جب کبھی بھی کسی شاعر، ادیب، نقاد اور محقق کو علمی و ادبی مسئلہ درپیش ہوتا تو ان سے رجوع کرتے۔ یہ سب ان کے قدیم و جدید ادب پر گہرا مطالعہ اور عمیق نظر کا نتیجہ تھا۔

تحقیقی و تنقیدی مضامین کا دوسرا مجموعہ "زاویہ نگاہ" ہے۔ جو ان کے مجموعہ 'فکر وفن' کے دس سال بعد ۱۹۶۶ء میں شائع ہوا۔ اس مجموعہ میں کل نو مضامین اردو تنقید کے مسائل، جگر مرادآبادی، اختر الایمان، دو نئے شعری مجموعے، سرسید کے ادبی تصورات، اردو شعر و ادب میں علی گڑھ کا حصہ، اردو نظم کا نیا رنگ و آہنگ، فراق گورکھپوری، ابوالکلام آزادؔ کے

مکاتیب ہیں۔ ان میں پانچ مضامین شاعری کی تنقید سے متعلق ہیں اور ان میں خلیل الرحمن اعظمی کی شخصیت کی چھاپ ہے جو ان ہی کارفرمائی ہے۔ ان میں روایت سے باغیانہ پن اور قدیم وجدید کے درمیان ایک توازن قائم ہے جو ان کی گہری فکر کا غماز ہے۔ شاعری کی تنقید کے علاوہ مجموعہ 'زاویہ نگاہ' میں نثری ادب پر بھی مضامین شامل ہیں۔ ان تنقیدی مسائل پر سیر حاصل بحث کرتے ہوئے مایوسی کا اظہار کیا ہے۔ ان کا خیال تھا کہ تذکروں کی تنقید سے لے کر حالیؔ اور ان کے بعد کی تنقید سے ادب کو نہ صرف فائدہ پہنچا ہے بلکہ فہم وادراک میں اضافہ بھی ہوا ہے اور اس نے قدیم شعری سرمایہ کا از سر نو جائزہ لینے میں ہماری مدد بھی کی ہے۔ مجموعہ 'زاویہ نگاہ' کے پیش لفظ میں پروفیسر رشید احمد صدیقی ان کی تنقیدی بصیرت کی تعریف میں لکھتے ہیں:

"متوازن، پُرمغز اور فکر انگیز تنقید نگاری حالیؔ کی لائی ہوئی وہ روایت ہے جس کے بروقت اور برحق ہونے کی ایک دلیل یہ بھی ہے کہ اپنے عہد میں اس کی جتنی شدید مخالفت کی گئی بعد میں اس کو وہی منزلت نصیب ہوئی۔ یہ روایت حالیؔ اور عبد الحق سے ہوتی ہوئی اعظمی تک پہنچتی ہے۔"(۴)

خلیل الرحمن اعظمی کا تیسرا اور آخری تنقیدی و تحقیقی مجموعہ 'مضامین نو' ہے۔ جس میں عصری مضامین پر سات مضامین، ادب کے نئے مسائل پر پانچ مضامین، اور مضامین نما پندرہ تبصرے نیز شاد عارفی اور پرویز شاہدی کی شخصیت پر دو مضامین شامل ہیں۔ اس مجموعے کو چار ابواب، مضامین، مسائل، تبصرے اور شخصیات میں تقسیم کیا گیا ہے۔ مضامین کے باب میں مثنوی سحر البیان، کچھ خطوط غالب کے بارے میں، شبلی کا تنقیدی مسلک، نئے شعری رجحانات، جدید تر غزل، راشد کا ذہنی ارتقا، کلام اور صاحب کلام جیسے مقبول مضامین ہیں۔ مسائل کے باب میں اردو نثر کے ایک انتخاب کی ضرورت، نثر کا اسلوب، نئی شاعری کی نکتہ چیں، ادب میں فامولا بازی جیسے دقیق مسائل پر مضامین ہیں۔

مولانا حالیؔ اور ان کے بعد کی ترقی پسند تنقید میں ایک خاص طرح کا ادبی رجحان ملتا ہے۔ خلیل الرحمن اعظمی پہلے ایسے نقاد ہیں، جنھوں نے اپنی جدید شاعری کی طرز پر فن تنقید میں بھی نیا رنگ وآہنگ اختیار کیا لیکن وہ حالیؔ کے برعکس شبلی نعمانی کے زیادہ قریب تھے۔ شبلی جمالیاتی نقاد ہیں تو خلیل الرحمن اعظمی اس جمالیات کی روح ہیں۔ ان کا خیال ہے کہ جدید تر شاعری اقبال کی شعری خصوصیت کا تسلسل یا اس کی تشکیل نو ہے۔ اپنے ایک مضمون "جدید تر غزل" جدید شاعری کے اوصاف اور امتیاز پر خلیل الرحمن اعظمی لکھتے ہیں:

"جدید تر شاعری کی ایک نسل ایسی پیدا ہو چکی ہے جو انکار و اثبات کے دوراہے پر اپنی شخصیت اور اپنے ذہن کو پارہ پارہ ہوتے ہوئے دیکھ رہی ہے۔ یہ نسل جو کافر ہے نہ مومن... لیکن بدلتے ہوئے رشتوں کو سمجھ کر زندگی کے آہنگ کو دریافت کرنا چاہتی ہے۔"(٦)

اردو میں ترقی پسند ادبی تحریک خلیل الرحمن اعظمی کا ایک تحقیقی مقالہ ہے، جس پر ان کو ۱۹۵۷ء میں پی ایچ ڈی کی ڈگری تفویض ہوئی۔ یہ مقالہ تنقید اس لیے ہے کہ اس سے قبل ترقی پسند تحریک پر سردار جعفری، عزیز احمد، اختر حسین رائے پوری اور سجاد ظہیر نے اس موضوع پر جو کتابیں اور مضامین لکھا ہے۔ ان سب کا رویہ وضاحتی یا تبلیغی رہا ہے اور تحریک کے محرکات وعوامل اور اس کے سمت ورفتار کا رخ متعین کرنے میں جانب داری سے کام لیا ہے۔ خلیل الرحمن اعظمی اس تحریک سے وابستہ تو رہے ہیں لیکن نہ تو اس کی مخالفت کی ہے اور نہ ہی موافقت کا اظہار کیا ہے بلکہ اپنی تحریروں میں توازن اور اعتدال پیدا کر کے ترقی پسند تحریک کی تاریخ اور اس کے ادبی سرمائے کو غیر جانب داری سے پیش کیا ہے اور ترقی پسند ناقدین کو پہلی بار ایک نئی سمت اور نئی فکر سے آشنا کیا ہے۔

خلیل الرحمن اعظمی نے بہادر شاہ ظفر کے کلام کا انتخاب 'نوائے ظفر' کے نام سے مرتب کیا جس کو انجمن ترقی اردو (ہند) نے ۱۹۷۵ء میں شائع کیا ہے۔ اس انتخاب میں ظفرؔ کے وہ تمام کلام شامل کیے ہیں

جو ان کے مزاج کی نمائندگی کرتے ہیں اور اس بات کا بھی خیال رکھا ہے کہ ان کے وہ تمام اصناف کا ذکر آجائے جن کو ظفرؔ نے اپنی شاعری میں برتا ہے۔

خلیل الرحمن اعظمی کی ایک اور ادبی تحریر مثنوی سحر البیان کا مقدمہ ہے، جو تقریباً ۲۵ صفحات پر مشتمل ہے۔ میر حسن کی مثنوی سحر البیان کی مقبولیت زمانہ تصنیف سے لے کر آج تک قائم ہے۔ اس مثنوی کے تعلق سے خلیل الرحمن اعظمی نے کئی ایک سوالات قائم کیے ہیں: آج اردو ادب کا طالب علم اس مثنوی کا مطالعہ کس زاویہ نظر سے کرے؟ اس کی ادبی و جمالیاتی قدر و قیمت کیوں کر متعین کرے؟ یا صرف اسے سرسری طور پر پڑھ کر ایک رائے قائم کر لے؟ وغیرہ۔ پھر اس کا جواب بھی دیا۔ خلیل الرحمن اعظمی اپنے مضمون مثنوی سحر البیان کے مقدمے کے اختتامیہ پر لکھتے ہیں:

> "نہ ہی یہ کوئی ایسی خیالی اور فرضی داستان ہے جو محض لوگوں کو دل بہلانے یا لطف لینے کے لیے لکھی گئی ہے۔ اس تصنیف میں میر حسن نے اپنا خون جگر صرف کیا ہے۔ اپنی زندگی کے تجربات کا نچوڑ پیش کیا ہے۔ اپنی ذہانت و فطانت، فراست و بصیرت، فنّی آگہی و لسانی شعور کا ثبوت اس مثنوی کے ہر ہر مصرعے سے فراہم کیا ہے۔ یہ کہانی نہیں تہذیبی دستاویز ہے۔ یہ شعر محض نہیں صحیفہ حیات ہے۔"(۸)

خلیل الرحمن اعظمی محقق ہونے کے ساتھ ساتھ نقاد بھی تھے۔ محقق کی حیثیت سے پی ایچ ڈی کا مقالہ 'اردو میں ترقی پسند ادبی تحریک' تاریخی اہمیت کا حامل ہے۔ دراصل وہ نقاد پہلے اور محقق بعد میں ہیں۔ نقاد کی حیثیت سے اپنے ایک مضمون 'نئے شعری رجحانات' میں نقاد کے لیے کچھ اصول وضع کیے ہیں۔ جس کو انھوں نے خود بھی اپنایا اور دوسروں کو بھی اس راہ پر چلنے کی تلقین کی ہے۔ تنقیدی اصول کے بارے میں خلیل الرحمن اعظمی لکھتے ہیں:

> "نقاد کا کام یہ ہے کہ وہ اپنے زمانے کی تخلیقات کو سمجھنے اور ان سے لطف اندوز ہونے کی کوشش کرے۔ اپنے دور کے طرزِ احساس، طرزِ فکر اور آہنگ و اسلوب سے موانست پیدا کرے اور ماضی و حال کے ربط کو سمجھ کر فنی تخلیقات کی گہرائیوں میں جا کر ان کی کامیابی یا ان کی ناکامی کا راز معلوم کرے۔"(۹)

ان سب تحقیقی و تنقیدی مقالے اور مضامین کے جائزے کے بعد خلیل الرحمن اعظمی کے متعلق یہ رائے قائم کی جاسکتی ہے کہ انھوں نے تحقیق و تنقید میں نہ تو ماضی کی روایت کو اپنایا اور نہ ہی جدید تحقیقی و تنقیدی روایت و اسلوب کو اختیار کیا بلکہ روایت شناسی اور عصری آگہی کا امتزاج پیدا کر کے اپنی مخصوص چھاپ قائم کی اور شاعری کی طرح تحقیق و تنقید میں بھی جدید اور نئے طرز کی بنیاد رکھی۔ ■

حوالہ جات:

(۱) مقدمہ کلام آتش، خلیل الرحمن اعظمی، این سی پی یو ایل، نئی دہلی ۲۰۰۸

(۲) نیا عہد نامہ، خلیل الرحمن اعظمی، انڈین بک ہاؤس علی گڑھ ۱۹۶۵ء، ص ۱۶۔

(۳) فکر و فن، لیل الرحمن اعظمی، این سی پی یو ایل، نئی دہلی ۲۰۰۸، ص ۶۔

(۴) زاویہ نگاہ، لیل الرحمن اعظمی، این سی پی یو ایل، نئی دہلی ۲۰۰۸، ص ۲۔

(۵) مضامین نو، خلیل الرحمن اعظمی، این سی پی یو ایل، نئی دہلی ۲۰۰۸، ص ۱۲۔

(۶) ایضاً، ص ۶۴۔

(۷) نوائے ظفر، خلیل الرحمن اعظمی، این سی پی یو ایل، نئی دہلی ۲۰۰۸، ص ۳۶۔

(۸) مضامین نو، خلیل الرحمن اعظمی، این سی پی یو ایل، نئی دہلی ۲۰۰۸، ص ۲۴۔

(۹) ایضاً، ص ۵۵۔

اکبر الٰہ آبادی کی شاعرانہ عظمت

ظہیر خان، کراچی

الٰہ آباد کی وجہِ شہرت وہاں کا 'سفیدہ' امرود ہے یا پھر گنگا جمنی ملاپ یعنی سنگم، اس کے بعد دنیائے شعر و ادب کی وہ عظیم اور نامور ہستی ہے، جس سے اکبر الٰہ آبادی کے نام سے ساری اردو دنیا متعارف ہے اور جسے طنز و مزاح کا بابائے آدم کہا جاتا ہے۔ تعلق تو اس خاکسار کا بھی اسی تاریخی شہر الٰہ آباد سے ہے مگر یہ خاکسار آج تک خاکسار ہی رہا کبھی نامور نہ ہو سکا۔ اکبر الٰہ آبادی کے بعد بہت سارے شعرا ایسے آئے جنھوں نے دنیائے طنز و مزاح میں ہلچل مچادی۔ بہت سارے نام ہیں میں ان حضرات کے نام لکھ کر اپنے مضمون کو طول نہیں دینا چاہتا ہاں اتنا ضرور کہوں گا کہ اکبر کے بعد آنے والا کوئی بھی شاعر اکبر جیسا رنگ اختیار نہ کر سکا۔ حالاں کہ بقول شاعر... ''ذوق یاروں نے بہت زور غزل میں مارا'' مگر... ''وہ بات کہاں مولوی مدن کی سی'' اکبر کا رنگ ہی منفرد تھا۔ وہ جو کچھ بھی کہتے اس میں مزاح کے ساتھ بلا کا طنز ہوتا تھا۔ اکبر الٰہ آبادی کا ایک ایسا شعر جو زبان زدِ خاص و عام ہے اسی سے میں اپنی بات کا آغاز کرنا چاہوں گا۔

بتائیں آپ سے مرنے کے بعد کیا ہوگا

اب ذرا آپ اس مصرعے پر غور فرمائیں جو اولیٰ ہے اور جس نے قاری کے ذہن میں بے شمار خوف ناک قسم کے سوالات پیدا کر دیے۔ قاری کو یقین ہے مصرعۂ ثانی میں شاعرِ محترم قبر کے اندر منکر نکیر کے سوالات و جوابات، وہاں کے خوف ناک حالات اور عذابِ قبر سے قاری کو مطلع فرما کر اس کی زندہ روح میں ایسی کھلبلی پیدا کر دیں گے کہ وہ غریب زندہ ہونے کے باوجود اپنے آپ کو قبر کے اندر محسوس کرنے لگے گا مگر صاحب آفرین ہے اس شاعرِ باکمال اکبر الٰہ آبادی کو کہ اب طنز کا جو تیر وہ چلانے والا ہے وہ نیم کش نہیں جگر کے پار ہونے والا ہے...

پلاؤ کھائیں گے احباب فاتحہ ہوگا

قاری کے خواب و خیال میں بھی یہ بات نہ رہی ہوگی جو اکبر نے مصرعۂ ثانی میں کہہ دی مصرعۂ اولیٰ نے قاری کا جتنا خون خشک کیا تھا، اس سے کہیں زیادہ خون مصرعۂ ثانی نے اس کے جسم میں پیدا کر دیا۔ ظاہر ہے پلاؤ کی لذت اور ذائقہ میں بہت طاقت ہے۔

اکبر نے اپنے اشعار میں مشکل قوافی کا استعمال جس انداز سے کیا ہے، اس کی نظیر کہیں اور مشکل سے ملتی ہے۔

پکالیں پیس کر دو روٹیاں تھوڑے سے جَو لانا
ہماری کیا ہے اے بھائی! نہ مسٹر ہیں نہ مولانا

شیخ صاحب دیکھ کر اُس مِس کو ساکت ہوگئے
ماسٹر صاحب بہت کم زور تھے چت ہوگئے

شیخ جی گھر سے نہ نکلے اور مجھ سے کہہ دیا
آپ بی اے پاس ہیں اور بندہ بی بی پاس ہے

خلافِ شرع کبھی شیخ تھوکتا بھی نہیں
مگر اندھیرے اجالے میں چوکتا بھی نہیں

پانی پینا پڑا ہے پایپ کا
حرف پڑھنا پڑا ہے ٹایپ کا
پیٹ چلتا ہے آنکھ آئی ہے
شاہ ایڈورڈ کی دہائی ہے

اکبر 16 نومبر 1846 کو الٰہ آباد میں پیدا ہوئے۔ والدین نے نام رکھا سید اکبر حسین رضوی مگر بقول اقبال "اپنی دنیا آپ پیدا کر اگر زندوں میں ہے" اکبر نے اپنی دنیا اور اپنا نام خود پیدا کیا۔ اکبر الٰہ آبادی ہی وہ نام ہے جس نے دنیائے شعر و ادب میں وہ مقام حاصل کیا جسے حاصل کرنے کے لیے لاتعداد شاعر اور ادیب تمنا ساتھ لیے دنیا سے رخصت ہو جاتے ہیں۔

ہزاروں سال نرگس اپنی بے نوری پہ روتی ہے
بڑی مشکل سے ہوتا ہے چمن میں دیدہ ور پیدا

بس یہی حال اکبر کا بھی ہے نہ تو اکبر سے پہلے اور نہ اکبر کے بعد 'اکبر' تو کیا کوئی 'اصغر' بھی پیدا نہ ہوا۔ اکبر نے جس دور میں آنکھ کھولی ہندستان انگریزوں کی غلامی کی زنجیروں میں جکڑا ہوا تھا اور زندگی "اک جوئے کم آب" کے مانند آہستہ آہستہ اپنی منازل طے کر رہی تھی۔ ایسے دورِ غلامی میں معاشرے کی خامیوں کو اجاگر کرنا اکبر کا کمال تھا...

قوم کے غم میں ڈنر کھاتے ہیں حکام کے ساتھ
رنج لیڈر کو بہت ہے مگر آرام کے ساتھ

ہادیِ قوم بنو قوم کے مہمان بنو
خود تو پہلے مگر اے یار مسلمان بنو

سدھاریں شیخ کعبہ کو ہم انگلستان دیکھیں گے
وہ دیکھیں گھر خدا کا ہم خدا کی شان دیکھیں گے

تری دیوانگی پر رحم آتا ہے ہمیں اکبرؔ
کوئی دن وہ بھی ہوگا ہم تجھے انسان دیکھیں گے

خدا کا فضل ہے بیوی میاں دونوں مہذب ہیں
حیا ان کو نہیں آتی انھیں غصہ نہیں آتا

گیارہ سال کی عمر سے شعر گوئی کا سلسلہ شروع ہو گیا۔ شاعری کا آغاز غزل سے کیا۔ اکبر کے استاد تھے اپنے وقت کے غزل کے بہترین شاعر وحید الٰہ آبادی۔ اکبر کے چند غزل کے اشعار...

تشبیہ ترے چہرے کو کیا دوں گلِ تر سے
ہوتا ہے شگفتہ مگر اتنا نہیں ہوتا

عشق کے اظہار میں ہر چند رسوائی تو ہے
پر کروں کیا اب طبیعت آپ پر آئی تو ہے

چوں کہ حسِ مزاح اکبر کے مزاج کا حصہ تھا لہٰذا اپنی سخن وری کو طنز و مزاح کا پیراہن دیا اور جو بات بھی کی "خدا کی قسم لاجواب کی"

ہم ایسی کُل کتابیں قابلِ ضبطی سمجھتے ہیں
کہ جن کو پڑھ کے لڑکے باپ کو خبطی سمجھتے ہیں

رقیبوں نے رپٹ لکھوائی ہے جا جا کے تھانے میں
کہ اکبر نام لیتا ہے خدا کا اس زمانے میں

عاشقی قیدِ شریعت میں جب آجاتی ہے
جلوۂ کثرتِ اولاد دکھا جاتی ہے

بوڑھوں کے ساتھ لوگ کہاں تک وفا کریں
لیکن نہ موت آئے تو بوڑھے بھی کیا کریں

مغربی ممالک نے جہاں سائنس میں بے پناہ ترقی کی وہاں آہستہ آہستہ انھوں نے لادینیت کی راہ اختیار کی۔ اکبر نے دونوں اعمال کو فقط دو مصروں میں کس خوب صورتی سے یکجا کر دیا...

بھولتا جاتا ہے یورپ آسمانی باپ کو
بس خدا سمجھا ہے اس نے برق کو اور بھاپ کو

اکبر کی زبان کی خوش بیانی اور قلم کی گہر فشانی اس قطعے سے ملاحظہ فرمایئے:

کھولی ہے زبان خوش بیانی کے لیے
اٹھا ہے قلم گہر فشانی کے لیے

آیا ہوں میں کوچۂ سخن میں اکبرؔ
نظارۂ شاہدِ معانی کے لیے

اور نظارۂ شاہدِ معنی میں اکبر نے محسوس کیا کہ موسم سرد ہے اور ہوائیں چل رہی ہیں برف بار، لہٰذا انھوں نے شاہدِ معنی کو ظرافت کا لحاف

اوڑھادیا اور اس ظرافت کے لحاف کی گرمی نے کوچۂ سخن کو جو حرارت بخشی، اس نے اکبر کو دنیائے شعر و ادب میں وہ مقام عطا کیا جو آج تک کوئی اور حاصل نہ کر سکا۔

سرد موسم تھا ہوائیں چل رہی تھیں برف بار
شاہدِ معنی نے اوڑھا ہے ظرافت کا لحاف

اکبر اپنی نظم 'برق کلیسا' میں ایک ماڈرن حسینہ سے برسرِ تکرار ہیں اور اسے یقین دلانے کی حتی الامکان کوشش کر رہے ہیں کہ شاعر مذہبِ اسلام کا پیرو کار ضرور ہے مگر ساتھ ساتھ روشن خیال بھی ہے لیکن حسینہ جھانسے میں آنے والی نہیں ہے اور اسلام کو ایک مشکل ترین مذہب قرار دے کر فرار چاہتی ہے مگر شاعر کسی بھی قیمت پر اسے رام کرنا چاہتا ہے۔ لہٰذا آخر میں وہ ایک ایسا حربہ استعمال کرتا ہے جس سے وہ پتھر دل حسینہ موم ہو جاتی ہے اور شاعر اپنے مقصد میں کامیاب ہو جاتا ہے نظم طویل ہے لہٰذا چند اشعار سے ہی آپ مستفید ہو سکتے ہیں:

رات اس مس سے کلیسا میں ہوا میں دو چار
ہائے وہ حسن وہ شوخی وہ چہرے پہ نکھار
آتشِ حسن سے تقوے کو جلانے والی
بجلیاں لطفِ تبسّم سے گرانے والی
عرض کی میں نے کہ اے گلشنِ فطرت کی بہار
دولت و عزت و ایماں ترے قدموں پہ نثار
تو اگر عہدِ وفا باندھ کے میری ہو جائے
ساری دنیا سے میرے قلب کو سیری ہو جائے
شوق کے جوش میں میں نے جو زباں یوں کھولی
ناز و انداز سے تیوری کو چڑھا کر بولی
غیر ممکن ہے مجھے انس مسلمانوں سے
بوئے خوں آتی ہے اس قوم کے انسانوں سے
عرض کی میں نے کہ اے لذّتِ جاں راحت روح
اب زمانے پہ نہیں ہے اثر آدم ونوح
مجھ پہ کچھ وجہ عتاب آپ کو اے جان نہیں
نام ہی نام ہے ورنہ میں مسلمان نہیں
میرے اسلام کو ایک قصّۂ ماضی سمجھو
ہنس کے بولی کہ تو پھر مجھ کو بھی راضی سمجھو

اکبر کی شاعری ان کے عہد کی آئینہ دار ہے۔ اس دور میں تعلیم نسواں ایک مسئلہ تھا۔ ہندو یا مسلمان کوئی بھی اپنی لڑکیوں کو اسکول یا کالج بھیجنے کے حق میں نہیں تھا۔ دنیا تیزی سے ترقی کی سمت گام زن تھی۔ ایسے دور میں تعلیم نسواں وقت کی ضرورت تھی۔ اکبر نے اسے شدّت سے محسوس کیا۔ وہ اس کے حق میں تھے مگر ان کا کہنا تھا:

تعلیم لڑکیوں کی ضروری تو ہے مگر
خاتونِ خانہ ہوں وہ سبھا کی پری نہ ہوں

علاّمہ اقبال نے 'ترانۂ ہندی' لکھ کر تمام ہندستانیوں میں بیداری کی لہر پیدا کر دی اور انھیں جتا دیا کہ تم ہندی ہو اور تمھارا وطن ہندستان ہے، پھر انھیں مسلمانوں کا خیال آیا کہ وہ تو روئے زمین پر ہر طرف بکھرے ہوئے ہیں، ان کی دل شکنی نہ ہو لہٰذا 'ترانۂ ملی' لکھ کر دنیا کے سارے مسلمانوں کو یقین دلا دیا کہ وہ مسلم ہیں اور سارا جہاں انھی کا ہے۔ اکبر کی شوخیِ تحریر نے یہ موقع ہاتھ سے جانے نہ دیا:

کالج میں ہو چکا جب امتحاں ہمارا
سیکھا زباں نے کہنا ہندوستاں ہمارا
رقیبے کو کم سمجھ کر اکبر وہ بول اٹھے
ہندوستان کیسا سارا جہاں ہمارا

اکبر مولانا شبلی کو اپنے گھر کھانے پر مدعو کرنا چاہتے تھے۔ بات اشعار میں کہی گئی۔ ان اشعار کی خوبی ان کے قوافی ہیں۔ آپ ذرا غور فرمائیں:

آتا نہیں مجھ کو قبلہ قبلی
بس صاف یہ ہے کہ بھائی شبلی
تکلیف اٹھاؤ آج کی رات
کھانا یہیں کھاؤ آج کی رات

حاضر جو کچھ ہو دال دلیا
سمجھو اسی کو پلاؤ قلیہ

اکبر کے دور میں مسلمان خواتین تو کیا غیر مسلم خواتین بھی پردے کا خیال رکھتی تھیں۔ جب گھر سے باہر نکلتیں تو گھونگھٹ نکال لیا کرتی تھیں۔ چوں کہ حکومت انگریزوں کی تھی، ان کی خواتین بے حجابانہ گھروں سے باہر پھرا کرتی تھیں۔ اثرات تو آنے تھے، لہٰذا اکبر کو کچھ مسلم بیبیاں بے پردہ کہیں نظر آ گئیں، بس پھر کیا تھا اکبر کا قلم بھلا کہاں رکنے والا تھا۔ ایسا قطعہ کہہ گئے جو امر ہو گیا:

بے پردہ کل جو آئیں نظر چند بیبیاں
اکبر زمیں میں غیرتِ قومی سے گڑ گیا
پوچھا جو ان سے آپ کا پردہ وہ کیا ہوا
کہنے لگیں کہ عقل پہ مردوں کی پڑ گیا

علاّمہ اقبال نے کہا تھا:

خرد کے پاس خبر کے سوا کچھ اور نہیں
ترا علاج نظر کے سوا کچھ اور نہیں

چوں کہ اکبر اور علاّمہ کی عمروں میں تینتیس سال کا فرق ہے۔ لہٰذا مجھے ایسا لگتا ہے کہ اس خیال کو اکبر نے علاّمہ سے پہلے کہا ہو گا:

نہ کتابوں سے نہ کالج کے ہے در سے پیدا
دین ہوتا ہے بزرگوں کی نظر سے پیدا

اکبر آزادیِ نسواں اور بے پردگی کے سخت مخالف تھے۔ اسی دور میں ترقی پسند خواتین اپنے کام میں مصروفِ عمل تھیں۔ وہ اکبر کی مخالف تھیں۔ خاص طور پر لاہور سے شائع کردہ ''تہذیب نسواں'' ان سب میں پیش پیش تھا مگر اکبر ان تمام مخالفتوں کے باوجود اپنے مقصد میں ڈٹے رہے۔ شاید اسی موقع پر انھوں نے کہا تھا:

اکبر دبے نہیں کسی سلطاں کی فوج سے
لیکن شہید ہو گئے بیگم کی نوج سے

مجنوں اور لیلیٰ کی ماں سے تعلق رکھنے والے فرضی لطیفے میں اگر جان ڈالی ہے تو وہ ہیں اکبر کے اشعار۔ چند اشعار آپ بھی ملاحظہ کیجیے:

کہا مجنوں سے یہ لیلیٰ کی ماں نے
کہ بیٹا تو اگر کر لے ایم اے پاس
تو فوراً بیاہ دوں لیلیٰ کو تجھ سے
بلا وقت میں بن جاؤں تیری ساس
کہا مجنوں نے یہ اچھی سنائی
کجا عشق کجا کالج کی بکواس
بڑی بی آپ کو کیا ہو گیا ہے
ہرن پر لادی جاتی ہے کہیں گھاس
یہی ٹھہری جو شرطِ وصلِ لیلیٰ
تو استعفا مرا با حسرت و یاس

اکبر انگریزوں کے دور میں پیدا ہوئے اور انگریزوں کے ہی دور میں دنیا سے رخصت ہوئے۔ ایک وقت وہ بھی تھا جب اکبر نے فقط پندرہ سال کی عمر میں ایک ٹھیکیدار کے پاس بیس روپے ماہوار پر بطور کلرک کام کیا، الہ آباد میں دریائے جمنا پر پل تعمیر ہو رہا تھا۔ وہ ٹھیکیدار اس پل کی تعمیر پر مامور تھا اور ایک دور وہ بھی تھا جب اکبر نے اپنی ذہانت سے وکالت کا امتحان پاس کیا اور وکیل ہو گئے پھر منصف ہوئے اور آخر میں سیشن جج کے عہدے سے سبک دوش ہوئے، انگریزوں نے ''خان بہادر'' کے خطاب سے نوازا، الہ آباد میں شہر کے درمیان ایک شان دار کوٹھی ''عشرت منزل'' میں ان کی رہائش تھی ''عشرت منزل'' اکبر کے صاحب زادے عشرت کے نام سے منسوب تھی۔ یہ وہی عشرت ہیں جنھیں اکبر نے بغرضِ تعلیم انگلستان بھیجا تھا۔ ایک مرتبہ عشرت نے خط کا جواب لکھنے میں تاخیر کی تو اکبر نے ساتھ یہ قطعہ بھی لکھ دیا:

عشرتی گھر کی محبت کا مزا بھول گئے
کھا کے لندن کی ہوا عہدِ وفا بھول گئے
پہنچے ہوٹل میں تو پھر عید کی پروا نہ رہی
کیک کو چکھ کے سوئیوں کا مزہ بھول گئے
موم کی پتلیوں پر ایسی طبیعت پگھلی

چمنِ ہند کی پریوں کی ادا بھول گئے

مرزا غالب کی طرح اکبر کو بھی آم بہت پسند تھے، آم کسے پسند نہیں ہے، مجھے بھی آم بہت پسند ہے مگر افسوس کہ میں شاعر نہیں ہوں ورنہ میں بھی آم کی تعریف میں کوئی قصیدہ لکھ کر ادبی حلقوں میں مشہور ہو جاتا۔ ہاں تو میں کہہ رہا تھا کہ اکبر کو آم بہت پسند تھے لہٰذا انھوں نے اپنے ایک بے تکلف دوست منشی نثار حسین مہتمم "پیامِ یار" لکھنو کو منظوم خط لکھ کر آموں کی فرمائش اس طرح کی:

نامہ کوئی نہ یار کا پیغام بھیجیے
اس فصل میں جو بھیجیے بس آم بھیجیے
ایسے ضرور ہوں کہ انھیں رکھ کے کھا سکوں
پختہ اگر ہوں بیس تو دس خام بھیجیے
معلوم ہی ہے آپ کو بندے کا ایڈریس
سیدھے الٰہ آباد مرے نام بھیجیے
ایسا نہ ہو کہ آپ یہ لکھیں جواب میں
تعمیل ہوگی پہلے مگر دام بھیجیے

مشہور واقعہ ہے کہ کلکتہ کی ایک نامور طوائف گوہر جان الٰہ آباد آئی، اسے خان بہادر اکبر الٰہ آبادی سے ملنے کا بڑا اشتیاق تھا۔ لہٰذا الٰہ آباد کی ایک طوائف جانکی بائی کے ہم راہ اکبر سے ملنے ان کی کوٹھی "عشرت منزل" گئی۔ گوہر جان نے اکبر سے فرمائش کی کہ اس کے لیے کوئی شعر کہہ دیں۔ اکبر نے ایک شعر کاغذ پر لکھ کر گوہر جان کے ہاتھ میں دے دیا:

خوش نصیب آج یہاں کون ہے گوہر کے سوا
سب کچھ اللہ نے دے رکھا ہے شوہر کے سوا

میرا مضمون کچھ طوالت اختیار کر چکا ہے لہٰذا اسی جگہ اکبر کے ایک شعر پر مضمون ختم کرتا ہوں:

بوٹ ڈاسن نے بنایا میں نے ایک مضموں لکھا
ملک میں مضموں نہ پھیلا اور جوتا چل گیا ■

'ایوانِ غزل' کے نسائی کردار
ایک تانیثی مطالعہ

ڈاکٹر محمد کاشف، حیدر آباد

جیلانی بانو کا پہلا ناول ''ایوان غزل'' ہے۔ اس ناول میں انھوں نے آزادی سے قبل اور مابعد آزادی حیدر آباد کی سیاسی و سماجی تبدیلیوں کو اور بدلتی ہوئی تہذیب و ثقافت کو موضوع بنایا ہے۔

آزادی سے قبل اور اس کے بعد تک بھی ہندستان میں جاگیردارانہ نظام قائم رہا۔ اس نظام میں عورتوں کی حالت بہت خراب تھی۔ اس طرح کے سماج میں ان کی کوئی حیثیت نہیں تھی۔ ان کا کام صرف گھر کی دیکھ بھال کرنا تھا۔ نچلے طبقے کی عورتیں کھیتوں میں محنت کرتیں اور جاگیرداروں اور تحصیل داروں کی ہوس کا شکار بھی ہوتی تھیں۔ اس دور میں عورتوں کو محض جنسی تسکین کا ذریعہ سمجھا جاتا تھا۔ ان کے جذبات و احساسات کی نہ تو جاگیرداروں کو پروا تھی نہ ہی گھر والوں کو، یہاں تک کہ استحصال کا شکار ہونے والی عورتیں بھی یہ سارا ستم برداشت کرلیتی تھیں۔ یہ بھی حقیقت ہے کہ غریب طبقہ جاگیرداروں کے ظلم و ستم اور معاشی استحصال سے اس قدر ٹوٹ چکا تھا کہ ان کے دلوں میں باغیانہ خیال تک نہیں آتے تھے۔ ان تمام صورت حال کو مصنفہ نے اپنے ناول کا موضوع بنایا ہے۔ اس ناول کے ذریعے اس زمانے کی عورتوں کی سماجی حیثیت سے ہم نہ صرف واقف ہوتے ہیں بلکہ اس عہد کے حالات و مسائل کے محرکات پر غور و فکر کرنے پر مجبور ہوجاتے ہیں۔ تانیثی اعتبار سے اگر اس ناول کا جائزہ لیں تو یہ بات واضح طور سامنے آتی ہے کہ اس ناول کے زیادہ تر کردار بشمول مرکزی کردار کے احتجاجی رویہ اختیار نہیں کرتے ہیں۔ نا ہی مصنفہ کا مقصد اس ناول میں احتجاجی یا باغیانہ رویے کی عکاسی کرنا ہے۔ وہ اس زمانے کی صورت حال کو اس طرح سے اجاگر کر دیتی ہیں، جس سے معلوم ہوتا ہے کہ ان برائیوں کی اصل وجہ زوال پذیر جاگیردارانہ نظام ہے۔ یہاں اس ناول کے نسائی کرداروں کا تانیثی اعتبار سے جائزہ مقصود ہے۔ ناول میں دو یا تین کردار ایسے ہیں جن میں باغیانہ روح موجود ہے۔

ایوان کے سارے کردار اپنی جگہ پر اہم اور کہانی کو آگے بڑھانے میں معاون ہیں۔ چھوٹے کردار بھی ناول کے پلاٹ کا حصہ ہیں۔ مگر جیلانی بانو نے نسوانی کردار کی پیش کش میں کافی ہنرمندی کا ثبوت دیا ہے۔ عورت ہونے کے ناطے وہ نسوانی کرداروں کے مسائل، ان کے جذبات و احساسات اور نفسیات سے اسی طرح واقف ہیں مصنفہ نے ہر طبقے کی عورتوں کے سماجی مسائل اور ان کے نفسیاتی حالات کی عکاسی میں کمال ہنرمندی کا ثبوت دیا ہے۔ جاگیردارانہ سماج میں عورت کی حیثیت اور اس نظام کے تحت اس کے استحصال کی مختلف شکلوں کو جس طرح سے مصنفہ نے ابھارا ہے، یہ انھیں کا کمال ہے۔

بی بی اور لنگڑی پھوپھو جہاں دنیوی مسائل سے بے نیاز ہیں، وہیں چاند اور غزل استحصالی نظام کا شکار ہیں تو دوسری طرف قیصر اور کرانتی اس استحصالی نظام کے خلاف بغاوت کی ترجمانی کرتی ہیں۔

چاند اور غزل ناول کے مرکزی کردار ہیں۔ ان کے ذریعے سماج کی بدلتی ہوئی صورت حال کی منظر کشی کی گئی ہے۔

چاند اس ناول کا اہم کردار ہے۔ وہ بشیر بیگم اور حیدر علی خان کی اکلوتی بیٹی ہے۔ وہ حسن میں بے مثال ہے۔ اس کی شوخی حسن کو دوبالا کر دیتی ہے۔ چاند جدید تعلیم سے بہرہ ور ہے کیوں کہ اس کے والد ترقی پسند خیالات کے حامی ہیں۔ وہ اپنی بیٹی کو ڈاکٹر بنانا چاہتے ہیں۔ چاند

کانوینٹ اسکول میں تعلیم حاصل کرتی ہے۔ ڈراموں میں حصہ لیتی ہے۔ فلم کی شوقین ہے۔ اس ماحول نے کم عمر میں ہی چاند کو اپنے حسن و جمال کا احساس کرا دیا۔ اس لیے وہ اپنے آپ کو غیر معمولی لڑکی سمجھتی ہے۔ چودہ برس کی عمر میں ہی پڑوس کے لڑکے سے محبت کر لیتی ہے۔ لیکن پہلی محبت میں ہی اسے ناکامی کا منہ دیکھنا پڑتا ہے۔

چاند ایک آزاد خیال اور فیشن پرست لڑکی لیکن اس کی آزادہ روی واحد حسین کو پسند نہیں۔ والد اور نانا واحد حسین اس کی آزادہ روی پر روک لگانا چاہتے ہیں مگر اس کے برعکس اس کے ماموں راشد اس کی حمایت کرتے ہیں۔ ماموں بزنس کے اصول سے واقف تھے۔ وہ خوب جانتے تھے کہ چاند جیسی خوب صورت اور تہذیب یافتہ لڑکیوں کے توسط سے کسی بھی مقصد کی تکمیل ہو سکتی ہے۔

ماں کی موت اور باپ حیدر علی خان کی دوسری شادی کے بعد چاند سولہ برس کی عمر میں اپنے ننھیال 'ایوان غزل' میں آجاتی ہے۔ یہاں راشد جو اس کا ماموں ہے، اس کے توسط سے دولت حاصل کر کے ایوان غزل کے گرتے ہوئے در و بام کو سنبھالنے کی کوشش کرتا ہے۔ یہاں چاند کو ہر طرح کی آزادی حاصل ہے۔ ڈاکٹری کی تعلیم حاصل کرتی ہے اور کلب بھی جاتی ہے۔ ڈراموں میں حصہ لیتی ہے۔ بھارت کلا مندر کے سکریٹری بھان صاحب کے اس کے گرد منڈلانے پر راشد کو اعتراض نہیں ہوتا کیوں کہ چاند کی وجہ سے ایوان غزل میں پھر سے دولت آنے لگتی ہے۔

چاند کی زندگی میں نیا موڑ تب آتا ہے جب وہ سنجیوا سے عشق کر بیٹھتی ہے۔ سنجیوا ایک معمولی آرٹسٹ ہے، جو اب ایک کمیونسٹ ورکر بن گیا ہے۔ سنجیوا سے چاند کی ملاقات اس وقت ہوتی ہے، جب سنجیوا چاند کے والد کا خط لے کر آتا ہے۔ چوں کہ چاند کے والد سیاسی سرگرمیوں کی وجہ سے روپوش ہیں۔ سنجیوا چاند کے عشق کو قبول نہیں کرتا ہے کیوں کہ سیاسی مقاصد اس کے لیے زیادہ ضروری ہیں اور یہ عشق اس میں رکاوٹ بن سکتا ہے۔ سنجیوا کی بے رحمی کو چاند برداشت نہیں کر پاتی ہے اور دھیرے دھیرے موت کی آغوش میں چلی جاتی ہے۔

'غزل' اس ناول کا مرکزی کردار ہے۔ وہ ہمایوں علی شاہ اور بتول بیگم کی بیٹی اور چاند کی خالہ زاد بہن ہے۔ غزل کی زندگی کے تمام اہم واقعات کو اس ناول میں پیش کیا گیا ہے۔ غزل بھی چاند کی طرح حسین ہے۔ اس کا بچپن ایک حبس زدہ ماحول میں گزرتا ہے، جہاں اس کی کوئی اہمیت نہیں۔ اس کی ماں بتول بیگم ہمایوں کے عتاب کا شکار رہتی ہے۔ غزل باپ کی محبت سے محروم رہتی ہے۔ اپنے ننھیال میں بھی وہ نفرت کا شکار رہتی ہے۔

ماں کی بے وقت موت، سوتیلی ماں کا عتاب، باپ کی بے حسی اور نفرت نے جذباتی اور ذہنی طور پر اسے بکھیر کے رکھ دیتا ہے۔ ان واقعات نے اس کی ذہنی و جذباتی نشو و نما میں اہم رول ادا کیا ہے۔ وہ بچپن سے محبت و شفقت کی بھوکی رہتی ہے۔ جہاں یہ ملے وہاں اپنا سب کچھ قربان کرنے کے لیے تیار رہتی ہے۔ چاند کی ذرا سی ہمدردی غزل کو اس کا گرویدہ بنا دیتی ہے۔ چاند کی مدد سے وہ تھیٹر اور اسٹیج کے آداب و اطوار سے روشناس ہوتی ہے۔ دھیرے دھیرے اپنی اداکاری کے جلوے دکھانے شروع کر دیتی ہے۔ یہاں سے غزل کی زندگی میں المناک حادثے رونما ہونے لگتے ہیں۔ غزل بھی چاند کے طرز پر چلنا شروع کر دیتی ہے۔ آخر کار اس کا انجام بھی دردناک ہوتا ہے۔

چاند ایک بار اسے مشورہ دیتی ہے۔

> "غزل! تو بھی خود چلنا چھوڑ دے۔ اپنی تقدیر بنانے کا حوصلہ ہر عورت میں نہیں ہوتا۔ اس لیے اپنی باگیں بی بی کے ہاتھ میں تھما دے ورنہ راشد ماموں اور خالو پاشا تجھ سے اپنی کام یابیوں کے قفل کھولیں گے اور تجھے پھینک دیں گے۔"

بھان صاحب کی وجہ سے وہ بھارت کلا مندر کی ممبر بن گئی۔ انھوں نے غزل کے حسن و جمال کا فائدہ اٹھایا۔ وہیں اس کی ملاقات بلگرامی سے ہوتی ہے۔ جس نے اپنی جھوٹی محبت کے جال میں پھانس کر غزل کو ہوس کا نشانہ بنایا۔ بقول ناول نگار وہ محبت کی تلاش میں جانے کتنے خطروں میں کود گئی۔

بلگرامی کی بے وفائی کا غزل پر شدید اثر پڑتا ہے۔ اس کے

علاوہ نصیر بھی اس کی زندگی میں آتا ہے۔ اس کے اظہار عشق پر اپنا تن من دھن سب کچھ نصیر کو سونپ دیتی ہے۔ وہ بھی اسے اپنی ہوس کا شکار بناتا ہے۔ ایک انگوٹھی نشانی کے طور پر اسے دے جاتا ہے۔ انگوٹھی کو وہ جان سے زیادہ عزیز رکھتی ہے۔ زندگی میں بہت سی ٹھوکریں کھانے کے باوجود وہ ہر بار غلط راہ اختیار کرتی ہے۔ آخر میں اس کا ماموں زاد بھائی شاہین غزل کے ماضی سے واقف ہونے کے باوجود اس سے شادی کر لیتا ہے۔ شاہین سے شادی کے بعد اس کو سکون میسر نہیں ہوتا۔ کیوں کہ وہ ہمیشہ اپنے آپ کو ناپاک اور ذلیل سمجھتی ہے۔ نصیر دوبارہ اس کی زندگی میں آتا ہے۔ سوئی ہوئی محبت کے جذبات پھر سے جاگ اٹھتے ہیں لیکن وہ غزل سے دی ہوئی انگوٹھی واپس لے لیتا ہے۔ یہی غزل کی موت کا سبب بن جاتی ہے۔ دراصل ناول میں غزل کو بہت ہی جذباتی اور معصوم لڑکی دکھایا گیا ہے۔ اس وجہ سے وہ ذہنی اور جذباتی الجھن کا ہمیشہ شکار رہتی ہے۔

'قیصر' یہ کردار ناول میں تھوڑے وقفے کے لیے آیا ہے۔ قیصر واحد حسین کے باپ کی ناجائز اولاد فاطمہ بیگم کی بیٹی ہے۔ اس کا باپ احمد حسین کے یہاں بندھوا مزدور ہے۔ وہ چاند کی ہم عمر ہے۔ اس کی پرورش بھی ایوان غزل میں ہوتی ہے۔ یہاں وہ ظلم وستم اور نفرت کا شکار ہوتی ہے۔ لیکن اس کی خاص بات یہ ہے کہ وہ استحصال معاشرہ کے خلاف مزاحمت کرتی ہے۔ اس کے خلاف آواز بلند کرتی ہے۔ وہ تلنگانہ تحریک میں شامل ہو کر جاگیردارانہ ظلم واستحصال کے خلاف مسلح بغاوت میں حصہ لیتی ہے۔ اس کا مقصد صرف یہ کہ استحصالی معاشرے کا خاتمہ ہو جائے۔ بغاوت کے الزام میں اسے پھانسی کی سزا ہوتی ہے۔

وہ غزل کو ایک جگہ مشورہ دیتی ہے۔

"چاند کی طرح مردوں سے کھلنا چھوڑ دو۔ جسم کے علاوہ دماغ بھی تو ہے تمھارے پاس۔ وہ کیوں نہیں بیچتیں۔"

قیصر کا کردار ایک متحرک اور فعال کردار ہے۔ وہ جاگیردارانہ سماج کے خلاف مسلح بغاوت کرتی ہے اور یہی مزاحمت اسے تانیثی اعتبار سے اہمیت کا حامل بناتی ہے۔ بدلتے ہوئے حالات میں جو قوتیں ابھر رہی ہیں وہ ان کی ترجمان ہے۔

'کرانتی' قیصر سنجیوا سے شادی کر لیتی ہے۔ اس کے یہاں ایک بچی پیدا ہوتی ہے جس کا نام کرانتی ہے۔ وہ اپنے والدین کی طرح انقلابی عزائم رکھتی ہے۔ نامساعد حالات کا ہمت وحوصلہ کے ساتھ وہ مقابلہ کرتی ہے۔ کرانتی بھلے ہی تھوڑی دیر کے لیے ناول میں آتی ہے۔ اتنے ہی وقفے میں اپنا نقش چھوڑ جاتی ہے۔ وہ غزل اور چاند کے برخلاف اپنا حق خود حاصل کرنے کا حوصلہ رکھتی ہے۔ اپنی ماں کی طرح استحصالی نظام کے خلاف مسلح بغاوت میں حصہ لیتی ہے۔ اپنی طرف بڑھتے ہوئے ہوس پرست ہاتھوں کو موڑ دیتی ہے۔ کیوں کہ نصیر ایک مرتبہ موقع پا کر کرانتی کی طرف پیش قدمی کی کوشش کرتا ہے لیکن اس کے جواب سے اس کی حوصلہ پسندی اور مزاحمتی رویے کی نشان دہی ہوتی ہے۔ دراصل کرانتی ہی کا کردار تانیثی اصولوں پر پورا اترتا ہے۔ کرانتی ایسی لڑکی ہے جو ہوس اور جذبات میں نہیں بہتی اور نہ ہی اس کے عزائم اسے حالات کا شکار ہونے دیتے ہیں۔ وہ زندگی کی ٹھوس حقیقتوں سے واقف ہے۔ دوسری طرف وہ نئی نسل اور نئی تہذیب کی نمائندگی کرتی ہے۔ مگر حقیقت یہ ہے کہ اس طرح کے کردار ایوان غزل میں کم ہیں اور مختصر وقفے کے لیے آتے ہیں۔ اس کے باوجود یہ نسائی کردار آج کل کے قاری پر اچھا نقش ثبت کرتے ہیں۔

مندرجہ بالا نسائی کرداروں کے علاوہ اس ناول میں اور بھی کئی نسائی ضمنی کردار ہیں جو اپنے عہد کی زندگی اور اس کے مختلف و متضاد پہلوؤں کی ترجمانی کرتے ہیں۔ ان میں رضیہ، اجالا بیگم، لنگڑی پھوپھو، بی بی۔ گو کہ ان تمام نسائی کرداروں کی حیثیت اس عہد کے جاگیردارانہ معاشرے میں ایک جنسی تفریح کے سامان سے زیادہ نہ تھی۔ کچھ نسائی کردار جیسے قیصر اور کرانتی نے اس استحصالی نظام کے خلاف اپنے غم و غصے کا اظہار برملا کیا ہے، کچھ نسائی کردار ایسے بھی ہیں جو خاموشی اور بے زبانی کے ساتھ اس استحصالی نظام کا حصہ بننے سے انکار کرتے ہیں۔

بی بی بہت بھولی اور معصوم تھیں۔ دنیا سے بے خبر اپنا حق مانگنے سے بے پروا۔ ان کے حوالے سے مصنفہ خود لکھتی ہیں:

"یہ وہ عورت تھی جس نے پچیس برس کی عمر میں پچیس عشق کرنے والے واحد حسین کو اپنے پاس بٹھایا تو پھر وہ کسی کی طرف نہ دیکھ سکے مگر اس ڈیوڑھی میں لاکر تین بچوں کی ماں بنا کر بھی بی بی ان کے ہاتھوں میں نہیں آئی تھیں۔"

واحد حسین بی بی سے شادی کر کے بھی ان کا دل نہ جیت سکے کیوں کہ بی بی کو زبردستی واحد حسین کے نکاح میں لایا گیا۔ ایوان غزل میں اپنے آپ کو ملکہ سمجھنے کے بجائے ایک چپراسی کی لڑکی سمجھتی تھیں۔ انھوں نے گھر کے سارے اختیارات لنگڑی پھوپھو کو سونپ دیے اور خود گھر کے معاملات سے الگ تھلگ رہتی ہیں۔ ان کا یہ رویہ بھی دراصل استحصالی نظام کے خلاف احتجاج کی ایک شکل ہے۔

لنگڑی پھوپھو جن کو وراثت میں بے دخل کرنے کے لیے معذور کر دیا جاتا ہے۔ ظلم وستم کے خلاف وہ بھی جذبہ بغاوت محسوس کرتی ہیں۔ ایک موقع پر وہ راشد سے کہتی ہیں:

"ارے میں تم لوگوں کی رگ رگ سے واقف ہوں۔ تم سب ایک تھیلے کے چٹے بٹے ہو۔ کبھی مجھے نیچے پھینک دیتے ہو کبھی چاند کو آگ میں جھونک دیتے ہو۔ اس ایوان غزل میں مٹی ڈالوں جہاں عورت کو لوٹ کھسوٹ کر چھوڑ دیا جاتا ہے۔"

اس اقتباس سے عورتوں کے تئیں ایوان غزل میں جو رویہ اپنایا جاتا ہے، اس کے خلاف لنگڑی پھوپھو کے غم و غصہ کا اظہار ہوتا ہے۔ لنگڑی پھوپھو بھی عمر کے آخر میں معاشرے سے بغاوت کر کے شیخو بھائی سے عقد کر لیتی ہیں۔ یہ دراصل جبر اور جنسی استحصال کے خلاف ان کا احتجاجی رویہ ہے جو اس نظام کے خلاف ان کی بے زاری اور غم و غصے کا غماز ہے۔

ایوان غزل کے دو مرکزی نسوانی کردار چاند اور غزل ہیں۔ ان کی پرورش ایوان غزل میں مختلف حالات میں ہوتی ہے۔ لیکن دونوں میں مماثلت اس اعتبار سے ہے کہ دونوں جاگیردارانہ استحصالی نظام کا شکار ہوتی ہیں۔ دونوں کا انجام بھی دردناک ہوتا ہے۔ یہ صحیح ہے کہ غزل کی مخصوص حالات میں پرورش کی وجہ سے اس کی نفسیات میں کچھ کمزوریاں پیدا ہوگئی ہیں۔ لیکن حیرت ہوتی ہے جب غزل دھوکہ کھا کر بار بار غلطیاں کرتی ہے۔ حالات کا شکار ہو کر بھی اپنے تجربے سے کوئی سبق حاصل نہیں کرتی۔ ایسا بھی نہیں کہ وہ بالکل نری جاہل لڑکی ہو چاند کی طرح وہ بھی جدید تعلیم سے بہرہ ور ہے۔ ڈرامے میں کام کر کے اپنی فنی صلاحیت کو اجاگر کرتی ہے۔ لیکن عشق و محبت کے معاملے میں اس کا ذہن و دماغ کام نہیں کرتا۔ وہ بار بار عشق میں بے وفائی اور مردوں کے ہوس کا شکار ہوتی ہے۔

یہی بات چاند کے بارے میں کہی جا سکتی ہے۔ اس کی تعلیم و تربیت مغربی تہذیب کے زیر اثر ہوتی ہے۔ لیکن عشق و محبت کے معاملے میں اس کا جذباتیت کا شکار ہونا حیرت میں ڈالتا ہے۔ جدید تہذیب کے پروردہ ہونے کے باوجود چاند اور غزل کا اس طرح سے انفعالی کیفیات کا شکار اور دردناک انجام کو پہنچنا مجھے غیر فطری سا لگتا ہے۔ نیلم فرزانہ نے اپنی کتاب اہم خواتین ناول نگار میں جیلانی کے ناول ایوان غزل کا جائزہ لیتے ہوئے غزل کا موازنہ عصمت چغتائی کے کردار شمن سے کیا اور صحیح لکھا ہے کہ دونوں میں مماثلت کے باوجود فرق ہے۔ غزل کی فطرت میں بغاوت نہیں۔ اس کو اپنے آپ پر اعتماد نہیں۔ حالات سے نبرد آزما ہونے کی کوشش نہیں کرتی۔ بقول عصمت چغتائی غزل حد سے بے قوف لڑکی ہے۔ اس کے برعکس شمن میں بغاوت اور احتجاج کی چنگاری موجود ہے۔ میرے خیال میں شمن کی باغیانہ رویے کی جھلک ایوان غزل کے دو ضمنی کردار قیصر اور کرانتی میں پائی جاتی ہے۔ اور یہی دو کردار تانیثی اعتبار سے اہمیت کے حامل ہیں۔ ■

حوالے:

ایوان غزل، جیلانی بانو
جیلانی کی ناول نگاری کا تنقیدی مطالعہ، مشرف علی
حیدرآباد میں اردو کا نسائی ادب، آمنہ تحسین
اردو ناول آزادی کے بعد، اسلم آزاد
اردو ادب کی اہم خواتین ناول نگار، نیلم فرزانہ

اردو اور ڈھونڈھاری بولی

مصور احمد، سوائی مادھوپور

ماہرین نے زبان کو ایک زندہ شے قرار دیا ہے۔ یہ کہا جاتا ہے کہ زبان کا مطالعہ اس وقت تک نامکمل ہے جب تک اس کے تکلمی پہلو پر غور نہ کیا جائے۔ ماہرین کے نزدیک چھوٹی سے چھوٹی زبان بھی، جس کا کوئی رسم الخط نہ ہو، دل چسپی کا موضوع بن سکتی ہے۔ کیوں کہ ہر زبان ایک مکمل تہذیب وسماج کی نمائندگی کرتی ہے۔

'ڈھونڈھاری' راجستھان کی مشہور بولی ہے۔ راجستھان کی دیگر قدیم زبانوں کی خصوصیات اس میں موجود ہیں۔ ڈھونڈھاری مشرقی راجستھان کی نمائندہ اور سب سے زیادہ اہمیت کی حامل ہے۔ جس علاقے میں ڈھونڈھاری بولی جاتی ہے، اس کو ڈھونڈھار کہا جاتا ہے۔ علاقے کے نام کی مناسبت سے اس کا نام ڈھونڈھاری پڑا ہے۔ اس کو جے پوری بھی کہتے ہیں، کیوں کہ جے پور ڈھونڈھار کا مرکز بھی ہے اور راجدھانی بھی ہے۔ ۱۷۲۸ء میں جب مہاراجہ سوائی جے سنگھ نے ایک نیا شہر جے پور آباد کیا تو اس علاقے کا نام بھی جے پور مشہور ہوگیا۔ اسی کی مناسبت سے یہاں کی زبان کو جے پوری ڈھونڈھاری بھی کہتے ہیں: زبان کی اصل پہچان اس کی بنیاد سے ہوا کرتی ہے۔[۱]

یہاں یہ بات واضح کرنا ضروری ہے کہ راجستھان میں بولی جانے والی راجستھانی اکیلی زبان نہ ہو کر کئی زبانوں کا مرکب ہے، ان زبانوں کا جو اس خطے کے مختلف علاقوں میں صدیوں سے بولی جارہی ہیں۔ پروفیسر فیروز احمد نے لکھا ہے:

> "راجستھان میں بولی جانے والی زبان راجستھانی کے نام سے موسوم ہے۔ لیکن یہ راجستھانی مختلف بولیوں کی ایسی شکل ہے جو اپنے لب ولہجے کے اعتبار سے مختلف ہیں۔ مگر ان کی اصل ایک ہی ہے۔ اور یہ راجستھان کے وسیع وعریض علاقوں میں ہندی کے بڑھتے ہوئے اثرات کے باوجود بول چال میں مستعمل ہے۔"[۲]

زبانیں ہمیشہ اپنے تاریخی اور سماجی تقاضوں کے زیر اثر فطری طور پر پیدا ہو کر صدیوں کے مسلسل عمل سے پروان چڑھتی ہیں۔ ہندستانی زبانوں کے دو خاص خاندانوں دراوڑی اور ہند آریائی میں سے ہند آریائی خاندان کی زبانیں پورے شمالی ہندستان میں بولی جاتی ہیں۔ ڈھونڈھاری زبان پر اردو کے اثرات کو سمجھنے کے لیے لسانی رشتوں کے حوالے سے گفتگو کرنا بہتر ہوگا۔ چوں کہ زبان ایک متحرک وجود ہے اور کوئی بھی زبان بلاوجہ کسی غیر زبان کے الفاظ قبول نہیں کرتی جب تک کہ ان کے درمیان، یا ان کے بولنے والوں کے درمیان میل جول نہ رہا ہو۔ کسی علاقے کے باشندے جس قدر آپس میں قربت رکھتے ہیں، اتنی ہی ان کی زبانیں بھی ملتی جلتی ہوجاتی ہیں۔ انسان کے آپسی میل جول اور ان کے ایک جیسے جغرافیائی حالات جہاں عام زندگی میں اشتراکیت پیدا کرتے ہیں، وہیں ان کی زبانوں میں بھی مشترک اقدار پروان چڑھ کر انھیں ایک قبیلے کی شکل دے دیتے ہیں۔

ڈھونڈھاری زبان پر اردو کے اثرات کو سمجھنے کے لیے مغلیہ دور کے تاریخی پس منظر کو سمجھنا ہوگا۔ کیوں کہ پورے صوبے میں ڈھونڈھار (جے پور) ہی وہ علاقہ ہے جس نے سب سے پہلے مغلوں کی ماتحتی قبول کی۔ مغل بادشاہوں سے قرابت داری اختیار کی۔ دو بڑی مختلف تہذیبوں کو یکجا ہونے کا موقع ملا۔ مسلم تہذیب و تمدن کے اثرات ڈھونڈھار میں صرف سرکاری طور پر ہی نہیں بلکہ عوامی طور پر

بھی نظر آنے لگے۔

راجستھان کا مشہور ہندی شاعر بہاری (۱۵۹۵۔ ۱۶۶۴ء) جے پور (ڈھونڈھار) راج گھرانے کا درباری شاعر تھا۔ اس کے دوہوں میں اردو کے بے شمار الفاظ ملتے ہیں:

چُھٹن نہ پیے یت سشرڑک وش نیہہ نگر یہ چال
مارے پھر پھر ماریت خونی پھرت خوس حال

یعنی جنون عشق کی یہ چال ہے کہ اس سے ایک پل بھی چھٹکارا نہیں ملتا۔ مرا ہوا مر مر کے جیتا ہے اور مارنے والا (معشوق) خوش حال رہتا ہے۔ اس دوہے میں خونی اور خوش حال الفاظ صاف طور پر دیکھے جاسکتے ہیں۔

ڈھونڈھاری پر اردو کے اثرات دیکھنے کے لیے سب سے پہلے ڈھونڈھاری لوک گیت اور دوہوں پر گفتگو کی جائے گی۔ لیکن یہ بات واضح رہے کہ ڈھونڈھاری زبان میں کبھی بھی لوک گیت کے علاوہ کسی قسم کے ادب کی تخلیق نہیں ہوئی ہے۔

مسلم تہذیب اور بول چال کا واضح اثر ڈھونڈھاری زبان پر ہوا۔ ایک نہیں ہزاروں الفاظ اپنی اصل شکل کی تبدیلی کے ساتھ آج بھی ڈھونڈھاری زبان میں مستعمل ہیں۔ کچھ الفاظ کی فہرست ذیل میں پیش کر رہا ہوں، جس سے دو زبانوں کے میل جول کا بخوبی اندازہ لگایا جاسکتا ہے۔

اردو	ڈھونڈھاری	اردو	ڈھونڈھاری
زہر	جہر	قہر	کہر
سحر	سہر	لہر	لیر
رحم	ریم	محل	میل
مہر	میر	جرمانہ	جرمانو
باغ	باگاں	قطار	کتاراں
پروانہ	پروانو	انعام	انیام
قیمت	کیمت	عقل	اکّل
خبر	کھبر	کاغذ	کاگد
علم	ایلم	معاملہ	ماملو
سیاہی	سائی	طرح	تریں
ذائقہ	جائیکو	شاباش	سیاباس
مزدور	مجور	نیلام	لیلام
اِنسان	اَنسان	مطلب	متبل

بہت سے ایسے الفاظ ہیں جو معمولی ردّ و بدل کے ساتھ اپنا اصل مفہوم لیے ہوئے استعمال ہوتے رہے ہیں، جیسے:

مالِک	مالَک	دفتر	دپھتر
خبر	کھبر	فرق	پھرک
معلوم	مالَم	عِلم	اِلَم

ڈھونڈھار کا مشہور ترین گیت "ڈنگ جی جوار جی، رو گیت" ہے۔ اس گیت میں سیکر (شیخاواٹی) سے لے کر جے پور تک کے واقعات کا ذکر ہے۔ اس گیت کا مرکزی کردار ڈاکو ڈونگ سنگھ ہے، جس نے انگریزوں کے خلاف اپنا محاذ کھول رکھا تھا اور وہ عوام میں ایک ہیرو کی حیثیت سے مقبول تھا۔ اس گیت میں بے شمار اردو الفاظ تبدیلی اور بنا تبدیلی کے ساتھ استعمال ہوئے ہیں۔ چند سطور اس گیت سے نقل کی جارہی ہیں۔

جاجم آور جاجم بچھ رہی، خوبؔ پڑے رجواڑ
سیٹھاں لکھ پروانو بھیج یو، بڑے ساب نے دینا
(پروانو۔ پروانہ۔ صاحب۔ ساب)
لوٹی مہاری لدی کتاراں، ٹوٹیو نو لکھ مال (کتاراں، قطار)
ڈونگ سنگھ مہارے لارے پڑیو، پکڑ کید کر لینا (کید۔ قید)
دنیا میں نام کمایو، مونڈو ہوگیو کالو (دنیا۔ نام۔ کمایا)

بھان بہنوئی کے لاگے ٹُو، ڈگاباج' کو سالو (بہنوئی۔ دغاباز)

درواجے کے مونڈے آگے، اڑی کھاٹ سُو کھاٹ

درواجے کی موری آگے خوب چلے تلوار [۴]

جے پور کے مہاراجہ سوائی جے سنگھ اول (۱۶۲۱۔۱۶۶۷ء) کے دور میں ایک مشہور شاعر "بہاری" (۱۵۹۵۔۱۶۶۳ء) بھی تھا۔ جو درباری شاعر تھا اور راجستھانی (ڈھونڈھاری) کے علاوہ برج بھاشا کا بھی شاعر تھا۔ اس کی ایک راجستھانی تصنیف "ست سئی" بہت مشہور ہے۔ جس میں سات سو تیرہ دوہے ہیں۔ ان دوہوں کے مطالعے سے یہ واضح ہوتا ہے کہ سترہویں صدی کے نصف اول میں اردو کے بے شمار الفاظ علاقہ ڈھونڈھار میں استعمال کیے جاتے تھے۔

جیسے، سرتاج، فتح، سوغات، فوج، بے حال، محل وغیرہ۔

چند مثالیں بہاری کے دوہوں کی پیش کرتا ہوں۔

نوناگری تنو مُلک لہی، یوون عامل زور

گھٹی بڑھت بڑھی گھٹ رقم، کری اور کی اور

یعنی، یوون (جوانی) کی شکل میں (عامل) حاکم نے نوناگری کا جسم جیسا ملک پاکر، اپنی طاقت سے گھٹنے بڑھنے والی چیز کو گھٹا بڑھا کر کچھ کا کچھ بنادیا۔ جیسے کمر کو گھٹادیا، پستان اور کولہوں کو بڑھادیا۔ عقل کو تیز کر دیا اور انسان کی فطرت کو کچھ کا کچھ کر دیا۔[۵]

چند اور دوہے بطور نمونہ پیش کر رہا ہوں:

اپنے انگ کی جانکیوون نرپتی پروین

اِستن نینن نتمب کو بڑو اضافہ لیکن

اس دوہے میں "اضافہ" اور "لیکن" الفاظ بغیر کسی تبدیلی کے استعمال ہوئے ہیں:

راجکماری نہ سو رہے مگدھا لائق بھوگ

توَ مہی پتی بجیو بھول سکل سنجوگ

اس دوہے میں "لائق" اپنی اصل شکل میں موجود ہے:

ساماں سینا سیان کی سبھی شاہ کے ساتھ

باہو بلی جے شاہ جو فتح تمہارے ہاتھ

یعنی، سامان اور چالاک فوج سب دلّی کے شاہ کے ساتھ ہیں لیکن اے طاقت ور جے شاہ (راجہ جے سنگھ) فتح تمھارے ہی ہاتھ پر ہوگی۔ اس دوہے میں ساماں، ساتھ، فتح، ہاتھ، شاہ سب اردو کے مشہور الفاظ ہیں اور بغیر ردّ و بدل کے استعمال ہوئے ہیں۔

اب آگے کی بات کریں تو اٹھارویں صدی کے نصف اول میں ڈھونڈھار میں جو شاعری کی جاتی تھی، وہ بھی ڈھونڈھاری زبان پر اردو کے اثرات کو واضح کرنے میں مستحکم ثبوت ہے۔

مہاکوی بہاری (۱۵۹۵ء۔۱۶۶۵ء) جو جے پور (ڈھونڈھار) کا درباری کوی (شاعر تھا) اس کے دوہوں اور چھندوں میں اردو کے الفاظ نظر آتے ہیں۔ ذیل میں کچھ مثالیں گلدستہ بہاری سے دی جارہی ہیں جو ۱۹۲۵ء میں الہ آباد کے ساہتیہ سیوا سدن سے شائع ہوا تھا اور اسے منشی دیبی پرشاد پریتم نے مرتب کیا تھا۔

تجو تیرتھ، بھجو ہری، رادھیکا کا جسم نورانی

تروینی جن کے کیلوں سے ہے پگ پگ مگ با آسانی

ہوا ٹھنڈی، گھنی کنج اور چھایہ لہلہاتی ہے

لبِ بحر جمن اب بھی وہی کیفیت آتی ہے

عبث گھیرے کھڑے شرمایئے جانے بھی گھر دیجیے

نہیں گورس کارس، رسیا بنے گورس کارس پیجیے [۶]

ناگری داس ناگر (۱۶۹۹ء۔۱۷۶۵ء) جے پور سے ریاست کشن گڑھ کا راجا تھا لیکن اس کو بے دخل کر دیا گیا تھا، اس نے دنیوی عیش وعشرت سے کنارا کر لیا تھا، جس کا زیادہ وقت جے پور اور برنداون میں گزرتا تھا۔ اس کے لکھے دوہے، ریختہ اور چھند میں جو ڈھونڈھاری زبان میں ہیں، اردو کے بے شمار الفاظ موجود ہیں۔ چند مثالیں پیش کر رہا ہوں۔ یہ مثالیں اور نمونے "راجپوتانہ میں اردو، ریختہ اور دوہے" سے لیے گئے ہیں۔

ناگری داس ناگر (۱۶۹۹ ء۔۱۷۶۵ ء) آ کے مجموعے ''ناگر سموچے'' (۱۸۹۸ء) سے انتخاب:

''ریختہ زبان کے دھر پدوں، خیالوں کی الاپ چاری میں دوہے۔''

دوہے:

اس ہی کی سنیں صفت کوں کسی زباں میں ہوئے
قادر نادر حسن کا، کرشن کہائے سوئے
اجلے میلے خلق میں پھیلے مذہب انیک
عشق باز سر تاج کوں عشق پیارا ایک
عشق باز ویسا نہ کوئ، ویسا صورت خوب
ناگر موہن سانولہ، قدر دان محبوب
مزا مذہب جو خلق میں، سو دل کچھ نہ سُہائے
عجب اسی کے عشق کا پڑے غضب جب آئے [۷]

مہاراج پرتاپ سنگھ برج ندھی آ۔ (۱۷۶۴ ء۔۱۸۰۳ ء) ریاست جے پور، ''برج ندھی گرنتھاولی'' (۱۹۳۳ء) سے انتخاب

ریاست جے پور کے راجہ پرتاپ سنگھ کشواہا خاندان کی سترہویں پیڑھی میں ۱۷۶۴ ء میں پیدا ہوئے۔یعنی ناگری داس آ کی موت اور راجہ پرتاپ سنگھ کی پیدائش ایک ہی سال میں ہے۔ راجہ پرتاپ سنگھ چودہ سال کی عمر میں ۱۷۷۸ ء میں راج گدی پر بیٹھے۔ ۱۸۰۳ ء میں دستوں کی بیماری سے انتقال ہوا۔

غزل کے شعر:

جہاں کوئی درد نہ بوجھے تہاں فریاد کیا کیجے
رہا لگ جس کے دامن سے تسے کہو یاد کیا کیجے
جو محرم دل کا ہو کر کے رکھائی دے تو کیا کیجے
وہ برج ندھی کہا کر کے نہ برج رج دے تو کیا کیجے

ریختہ:

پیارے تمھاری چال بڑی عجب انوٹھی
ہم سے بناؤ باتیں بس جھوٹی جھوٹی
ہر چند بات بنی کیسے میں ایک نہ مانوں
نج دست میں سنبھالو یہ کس کی انگوٹھی
اس شب کہاں رہے تھے سو سچ بتاؤ
لوٹی تھی خوبی کس کی پیا بھر بھر مٹھی
سن کر دیا جواب یہ ہنس برج ندھی آ پیارے
مجھ کو تو پیاری ایک تو ہی، کیوں اب روٹھی [۸]

مذکورہ مثالوں کی روشنی میں کہا جا سکتا ہے کہ اردو نے ڈھونڈھاری زبان پر اپنے نہ انمٹ اثرات مرتب کیے ہیں جو آج بھی قائم ہیں۔ ■

مآخذ

(۱۔راجستھانی بھاشاشاستر۔ ڈاکٹر گووند شنکر شرما۔راجستھانی ساہتیہ ۔ بیکانیر۔ ۲۰۱۱ء۔ص۔۶۷)
(۲۔راجستھانی اور اردو۔ڈاکٹر فیروز احمد۔گلوبل اردو کمپیوٹرس،جے پور۔۲۰۱۰ء۔ص۔۳۱)
(۳۔راجستھانی ماتر بھاشا گیت۔بھنور لال ناہٹا۔نیو راجستھان پریس، کلکتہ۔۱۹۵۸ء۔ص۔۲۱)
(۴۔کوی بہاری۔جگناتھ رتنا کار۔گرنتھ کار،بنارس۔ ۱۹۵۳ء)
(۵۔گلدستہ بہاری۔مرتبہ، منشی دیبی پرشاد پریتم۔ساہتیہ سدن،الہ آباد،سمّت۔۱۹۸۱۔)
(۶۔تمام دوہے اور ریختے۔راجپوتانہ میں اردو،ریختہ اور دوہے۔شاہد جمالی۔راجپوتانہ اردو ریسرچ اکیڈمی،جے پور۔۲۰۱۶ء۔)
(۸۔تمام دوہے اور ریختے۔راجپوتانہ میں اردو،ریختہ اور دوہے۔شاہد جمالی۔راجپوتانہ اردو ریسرچ اکیڈمی،جے پور۔۲۰۱۶ء۔)

اُردو ادب میں تصوف اور بھکتی کی روایت

آمنہ فاروقی محمد امام الدین

تصوف اُردو شاعری کا وصفِ خاص رہا ہے۔ اُس دور میں جب کہ معاشرے اور معاشرت پر مذہب کی گرفت زیادہ تھی، تصوف کو تو اُردو شاعری میں قدرِ اوّل کی حیثیت حاصل تھی۔ نہ صرف ان شاعروں نے 'تصوف' جن کا ذوق بھی تھا اور زندگی بھر اپنے کلام کو تصوف سے مزین کیا، بلکہ ایسے شاعروں کی تعداد بھی کم نہیں تھی جو بقول شیخ علی حزیں ""تصوف برائے شعر گفتن خوب اَست" کے قائل تھے۔ آٹھویں صدی عیسوی میں جب عربوں نے سندھ اور ملتان پر قبضہ کرلیا تو سیاسی غلبے کے علاوہ اسلامی فکر کو بھی برصغیر میں داخلے کی راہ مل گئی۔ مسلمانوں کی آمد سے پہلے ہندوؤں کا فکر و فلسفہ برہمن اور بدھ مت کے جزر و مد اور تصادم کی متعدد منزلیں طے کر چکا تھا اور اب ویدوں سے اُپنشدوں کی طرف نہ صرف مراجعت کر رہا تھا بلکہ فکر و عمل کے اعتبار سے یکسر تصوف بن چکا تھا۔

صوفیائے کرام کی تحریک معنویت کے لحاظ سے بھکتی تحریک کے مقاصد سے ہم آہنگ نظر آتی ہے۔ تاہم اس حقیقت سے انکار ممکن نہیں کہ ترکِ وطن کر کے ہندستان میں آنے والے صوفیائے کرام کے پیشِ نظر ایک مقصد تبلیغ اسلام بھی تھا۔ بلاشبہ اس کے لیے صوفیا نے بالواسطہ طریق اختیار کیا اور ہندو اور مسلمان کا امتیاز کیے بغیر سب لوگوں کو یکساں طور پر بلند تر روحانی زندگی کا پیغام دیا۔ ایک ہندو کے قبولِ اسلام سے صوفیا کو جتنی خوشی ہوتی شاید اس سے زیادہ ایک مسلمان کے ترکِ گناہ سے ہوتی تھی۔ اس کے باوجود صوفیا کو اپنا تبلیغی مقصد حاصل کرنے کے لیے مجاہدے اور محاربے کی فضا کا سامنا بھی کرنا پڑا، لیکن ان فقیروں نے اسلام کا عملی پیغام لوگوں تک پہنچانے اور قلوب میں تبدیلی لانے میں کوئی کسر اُٹھا نہ رکھی۔

اسلام کے غنی مزاج درویشوں نے دربار عام لگائے، عوام کی زبان میں شاعری کی اور محبت اور خلوص سے لوگوں کے دلوں کو مسخر کر لیا۔ ہندستان میں صوفیا کی تحریک فکر اور ادب کے دو زاویوں سے اہمیت رکھتی ہے۔ اوّل ہندستان میں مشرقِ وسطیٰ کے تصوف کا فروغ اور دوم مقامی زبانوں کی ترقی اور ان کے اشتراک و امتزاج سے ایک نئی زبان کی افزائش، صوفیا چوں کہ انسان کے باطن سے زیادہ سروکار رکھتے تھے اس لیے ان کے دروازے مسلم اور غیر مسلم دونوں کے لیے کھلے تھے۔ انسانی ہم دردی، خلوص اور محبت ان کا اصلی جوہر تھا۔ لیکن دلوں پر حکم رانی کرنے سے پہلے ہم زبانی لازم ہے۔ ہم زبانی کے بعد ہم خیالی پیدا ہوتی ہے۔ چناں چہ وعظ و تلقین اور رشد و ہدایت کے لیے صوفیائے کرام نے اپنی علمی فضیلت کو راستے کی دیوار نہ بنایا بلکہ عوام سے انھی کی کھردری بولی میں بات چیت کی ابتدا کی۔ ظاہر ہے یہ صوفیا عوام ہی کی زبان میں گفتگو کرتے ہوں گے، چناں چہ ہمیں اس عہد میں کچھ ایسے فقرے بھی ملتے ہیں جن میں اُردو کے ابتدائی نقوش نظر آتے ہیں۔ یہی پُرانی اُردو دراصل صوفیائے کرام کی زبان تھی۔ اسی کی مدد سے ان شاہانِ بے نظیر نے عوام کے دلوں پر حکومت کی۔ یہی وجہ ہے کہ ان صوفیائے کرام کے ملفوظات میں اس بولی کے ایسے خوب صورت جملے دیکھنے کو ملتے ہیں، جو وہ عام گفتگو میں استعمال کرتے تھے۔

"اے برہان الدین ساڈھی دھیہ کہہ کیا پسند اہے۔"

"منجھ مت بلاؤ۔"

"نہوے آوے ے جائے لالہ کوں تیرے بارے۔"

"سید محمد اوس نہ پیتائی۔"[۱]

یہی جملے ابتدائی اُردو کے قدیم ترین نمونے ہیں جو مراٹھواڑہ دکن کی سرزمین پر ملتے ہیں۔

معروف تاریخ داں ہارون خان شیروانی کے مطابق:

"صوفیائے کرام کا عوام سے راست رابطہ اور اُن کے سکھ دکھ میں شرکت کی شدید خواہش نے ترسیل کے ایک نئے ذریعے اُردو کو فروغ دیا۔"[۲]

صوفیائے کرام نے اس سرزمین پر نہ صرف فکری سماجی وتہذیبی سطح پر ایک انقلاب پیدا کر دیا بلکہ ایک نئی لسانی تہذیب کی داغ بیل بھی ڈالی۔ یہ نئی زبان اپنے آپ میں ایک مکمل تہذیبی ڈھانچے میں ڈھل رہی تھی، اسے کبھی دکنی کہا گیا تو کبھی ہندی، تو کبھی اُردوئے قدیم کہا گیا۔ اس زبان کا اصل روپ زبان سے زیادہ بولی کا تھا، کیوں کہ مختلف طبقوں کے درمیان یہی رابطے کی کڑی تھی جو عوامی زبان کے طور پر مستعمل تھی۔ صوفیائے کرام اس نئی زبان کی داغ بیل کا باعث بنے اور فاتحین اس کی تیز رفتار ترقی کا ذریعہ ثابت ہوئے۔ صوفیائے کرام ملک کے جس حصے میں بھی گئے، سب سے پہلے اس حصے کی زبان کو اپنایا اور وعظ و تلقین کی مجالس میں بعض ایسے الفاظ بھی پیش کر دیے جو پہلے صرف فارسی یا عربی کا حصہ تھے۔ چناں چہ قدیم اُردو کے جو نمونے سامنے آئے ہیں، ان سے ثابت ہوتا ہے کہ یہ مخلوط زبان پندرھویں سے سترھویں صدی عیسوی تک پورے ہندستان میں رائج تھی اور اس کی ابتدائی نشوونما میں صوفیائے کرام نے بہت حصہ لیا تھا۔

متذکرہ بالا مخلوط زبان کے ابتدائی نمونے زیادہ تعداد میں دستیاب نہیں، تاہم چوں کہ گفتگو کی زبان طویل عرصے کے بعد ترقی کر کے تحریر کی زبان بنتی ہے۔ اس لیے تحریر کے جو نمونے اب تک ملے ہیں ان سے یہ قیاس کیا جا سکتا ہے کہ اس زبان میں بول چال کا رواج بہت عرصہ پہلے پڑ چکا تھا۔ حضرت فرید شکر گنجؒ کے زمانے میں اس زبان نے ترقی کی جس منزل کو پا لیا تھا، اس کی صورت مندرجہ ذیل ریختہ سے ظاہر ہوتی ہے:

وقت سحر وقت مناجات ہے
خیز دراں وقت کہ برکات ہے
نفس مبادا کہ بگوید ترا
خسپ چہ خیزی کہ ابھی رات ہے

(اُردو کی ابتدائی نشوونما میں صوفیائے کرام کا حصہ۔ ص نمبر ۸)

چودھویں صدی اور اس کے بعد جن مشائخ نے اس زبان میں شاعری کی ان کے کلام کے چند نمونے:

کالا ہنسا نہ ملا بسے سمندر تیر
پنکھ پسارے بکھ ہرے نرمل کرے سریر درد ہے نہ پیڑ
شیخ شرف الدین یحییٰ منیری

ایسی باتیں کرے گنونتی مورکھ بوجھیں سُدھ
یہی من میں آوے اپنے چھند سوہی سکھاویں بودھ
شمس العشاق شاہ میراں جی

جدھر دیکھوں ہے سکھی دیکھوں ہور نکوئے
دیکھا بوجھ بچار میں سبھی آپیں سوئے
شیخ عبدالقدوس گنگوہی

روزے دھر دھر نماز گزاری دینی فرض زکوٰۃ
بن فضل تیرے چھوٹک ناہیں آکیں مکھ میں بات
شیخ بہاؤالدین باجن

(اُردو کی ابتدائی نشوونما میں صوفیائے کرام کا حصہ۔ مولوی عبدالحق۔ ص نمبر ۸۔)۳۹

شاعری کے برعکس نثر میں یہ زبان زیادہ مائل بہ ارتقا نظر آتی

ہے۔مندرجہ ذیل چند مثالیں ملاحظہ ہوں جن میں زبان مافی الضمیر کا ساتھ پوری طرح دے رہی ہے:

"نبی کہے تحقیق خدا کے درمیان تے ستر ہزار پردے اوجیالے ہور اندھیار کے۔ اگر اس میں تے یک پردہ اُٹھ جائے تو اس کی آنچ تے میں جلوں۔ ہور ایک وقت ایسا ہوتا ہے اور دیکھو بے پردا اندھیارے کے اجیالے کے عارفان پر۔"

(خواجہ بندہ نواز گیسو دراز، معراج العاشقین۔ دکن میں اُردو۔نصیر الدین ہاشمی۔ص نمبر ۵۱)

"سنو اے مسلمانو! طالب خدا کے بوجھو زندگی سہل ہے۔ جیون کا بھروسا نہیں۔

موجب حکم حضرت علی عمل کرو۔ یعنی شتابی کرو۔ نماز وقت کرو توبہ مرنے سون آگے۔ گزرن سون آگے ہور شتابی کرو توبہ مرنے سون آگے۔"

(دکن میں اُردو۔نصیر الدین ہاشمی۔ ۲۰۰۲ء ص نمبر ۵۷)

سید محمد اکبر حسینی

"فرموند کہ جس چیز میں ذوق وشوق پاوے اسے ترک نہ دیوے۔"

شیخ وجیہہ الدین

"خدا کہیا تحقیق مال اور پنگڑے (اولاد) تمھارے دشمن ہیں، چھوڑ دیو دشمناں کوں اے کیسا غفلت ہے جو اندھلا کیا موت کی یاد تھے تجھے بسرا کر۔"

شمس العشاق شاہ میراں جی

"اللہ کرے سو ہوئے کہ قادر توانا سوئے کہ قدیم القدیم اس قدیم کا بھی کرنہار سہج سہج سو تیر اٹھار و سہج ہوا بھی توج تھے بار۔ جدھاں کچھ نہیں بھی تھا تہیں، دوچار شریک کوئی نہیں۔ ایسا حال سمجھنا خدا کوں جس پر کرم خدا کا ہوئے۔"

شاہ برہان الدین جانم

(اُردو کی ابتدائی نشوونما میں صوفیائے کرام کا حصہ۔مولوی عبدالحق۔ص نمبر ۴۶/۴۵/۴۹)

ہر چند صوفیائے کرام کے یہاں ادب کی تخلیق مقصود بالذات نظر نہیں آتی اور ان کا خطاب براہ راست عوام سے ہے تاہم اس حقیقت سے انکار ممکن نہیں کہ صوفیا نے ایک غیر ادبی زبان کے فروغ کے لیے راستہ ہموار کیا۔ ان کی نظم و نثر کا مقصد چوں کہ اصلاحی اور تبلیغی تھا۔ اس لیے انھوں نے دقیق مسائل چھیڑنے سے گریز کیا اور عوام کو تحریر وتقریر کی سادہ زبان سے ہی آشنا کیا۔ نظم و نثر کے یہ نمونے داخلی طور پر توانا نہیں اور ان پر مقامی اثرات بھی نمایاں ہیں تاہم ان میں خلوص اور تاثیر کی کمی نظر نہیں آتی اور یہ سادگی کے باوصف دل پر اثر کرتے ہیں۔ چناں چہ اس سے یہ نتیجہ اخذ کرنا درست ہے کہ صوفیا کی تحریک نے اسلامی تصوف کو ہندستان میں ایک فکری اور عملی لہر کی صورت میں رائج کیا اور اُردو زبان کو عوام تک پہنچا کر قابل قدر خدمات انجام دیں۔صوفیا کی تحریک نے اُردو کے ابتدائی زمانے میں نئے اسالیبِ بیان کو فروغ دیا اور مختلف مقامی بولیوں کے ادغام سے اس کے ذخیرہ الفاظ میں اضافہ کیا۔ یہی وجہ ہے کہ اب اس زبان کا کوئی ایک مرزبوم تلاش کرنا ممکن نہیں رہا۔صوفیا کی تحریک نے ہندستانی مزاج کو عربی اور فارسی کے تہذیبی لہجے سے اولاً الفاظ کے استعمال سے اور دوم تراجم کے ذریعے آشنا کیا۔

اس تحریک کی ایک عطایہ بھی ہے کہ اس نے مقامی بولیوں کو عربی رسم الخط سے مانوس کرایا۔ ایک مشترکہ رسم الخط وجود میں آیا تو اُردو زبان نہ صرف ہندستان کے گوشے گوشے میں سمجھی بولی اور لکھی جانے لگی بلکہ اس کے اثرات بیرون ہندستان بھی جا پہنچے۔ مجموعی اعتبار سے صوفیائے کرام کی تحریک اُردو کی نشوونما کے زمانے کی ایک اہم تحریک تھی اور اس کی اساس پر اُردو زبان نے آنے والی صدیوں میں ارتقا کی لاتعداد منازل طے کیں۔

لغوی اعتبار سے بھگتی کا مطلب طاعت و بندگی اور انتہائے عقیدت و محبت ہے، لیکن ہندو مذہب کی کتابوں میں جن میں بھگود گیتا

اور شریمد بھگود بہت اہم ہیں، بھکتی کی جو تعریف کی گئی ہے وہ محبوب سے وصال کے اس والہانہ اور لافانی جذبے سے عبارت ہے جس کی آخری منزل خود سپردگی اور فنا ہے۔

ہندستانی تاریخ میں تحریک کی صورت میں بھکتی کی ابتدا نرنارائن مت اور ساتوت مت سے ہوئی۔

پہلا مت شجاعت اور عمل صالح پر اصرار کرتا ہے اور دوسرا مت پریم اور انتہائے عقیدت پر۔ بھکتی تحریک کا محرک عقل و استدلال کے بوئے ہوئے کانٹوں سے نجات اور خدا کو قائم بالذات قرار دے کر اس کی عقیدت و محبت میں محو ہو جانا تھا۔ اس کے بعد کا عہد ''عہد وسطی'' کے نام سے یاد کیا گیا ہے، وہ ساتویں صدی عیسوی تک اور ایک مزید تقسیم کے مطابق مشرقی وسطی عہد (جس کا نام بھکتی کال بھی ہے) بارہویں صدی عیسوی سے آخر تک اور شمالی وسطی عہد کے نام سے تیرہویں صدی عیسویں سے آخر تک پھیلا ہوا ہے۔ مشرقی وسطی عہد سماجی تہذیبی انتشار اور مذہبی اعتبار سے جمود کا عہد ہے جب کہ شمالی وسطی عہد میں ہندستانی سماج نے اپنی بکھری ہوئی مذہبی اور اخلاقی قوتوں کو مجتمع کرنے کا کام شروع کیا اور اس طرح اس کے تن مردہ میں جان پڑنی شروع ہوئی۔ یہاں یہ حقیقت خصوصیت سے یاد رکھنے کی ہے کہ جنوبی ہند میں مسلمان ساتویں اور گیارہویں صدی عیسوی میں نہ صرف بڑی تعداد میں آباد ہوئے بلکہ اپنے عقیدہ و عمل اور کردار و معاملات سے حکم راں اور عوام دونوں کو یکساں طور پر متاثر بھی کرتے رہے اور اسی خطے اور عہد یعنی جنوبی ہند میں ہی آٹھویں صدی کے آخر میں شنکر آچاریہ نے زبردست قوت تاویل سے ہندوؤں کے تمام فلسفیانہ نظریوں اور مذہبی عقیدوں کو ایک ہی نظام فکر و فلسفہ میں شامل کرنے کے ساتھ لاثنویت (ادویت) کے نام سے ویدانتی مذہب کی ایسی مدلل تفسیر لکھی جس میں ہندستانیوں کے اصل طریق کی روح جلوہ گر ہوگئی۔ اس کے علاوہ بھکتی تحریک بھی جو ابتدا میں بھکتوں کی شخصی قلبی واردات تھی، رامانج آچاریہ کے فلسفے کی شکل میں پایۂ تکمیل کو پہنچ کر ملک کے طول و عرض میں پروان چڑھنے لگی۔ موج تہہ نشین کی شکل میں اس کی روح بھی وہی ذہنی روحانی بیداری تھی جو اسلام اور ہندستان کے سابقے سے پیدا ہو کر پروان چڑھی تھی۔

رامانج کی تعلیم سادہ تھی لیکن اس نے سنسکرت زبان کو وسیلہ بنایا اور ذات پات کی تمیز برقرار رکھی۔

رامانج چوں کہ اعلیٰ ذات کا ہندو تھا اس لیے اس نے اونچی ذات کے لوگوں سے ہم کلام ہونا پسند کیا۔ چناں چہ رامانج کے سلسلے کی بھکت مالا میں دیو اچاریہ، ہری نند، راگھونند اور رامانند جیسے لوگ پیدا ہوئے۔ رامانند کے بھکتوں میں سب سے زیادہ اہم بھکت کبیر داس ہے۔ مذہبی لحاظ سے کبیر داس کی شخصیت خاصی متنازعہ ہے۔ کبیر داس آزاد فکر اور آزاد منش موحد تھے، انھوں نے کسی فرقے کو اہمیت دینے کے بجائے پریم اور محبت کے مذہب کو فروغ دیا۔

بھکت کبیر نے ایک ایسی زبان میں شاعری کی جس کی ترقی یافتہ شکل بالآخر اُردو زبان کی صورت اختیار کرنے والی تھی۔ چناں چہ مسٹر بوس نے کبیر کو اس زبان کا پہلا بڑا شاعر کہا ہے اور بقول حافظ محمود شیرانی ''ان کی نظمیں اچھی خاصی اُردو کہلائے جانے کی مستحق ہیں۔'' کبیر نے ہندو اور مسلم تصورات کو متصادم کرنے کے بجائے انھیں باہم مدغم کیا تھا۔ ان کی شاعری میں اُردو اور فارسی کا امتزاج موجود ہے اور بعض ترجے تخلیقی شان بھی رکھتے ہیں۔ مثال کے طور پر حافظ شیرازی کہتے ہیں:

ہر کسے پنج روزہ نوبت اوست

اور کبیر اس کا آزاد ترجمہ ان الفاظ میں کرتے ہیں:

کبیر نوبت اپنی دس دن لیہو بجاے

(پنجاب میں اُردو۔ حافظ محمود شیرانی۔ ص نمبر ۱۴۷)

کبیر داس کی شاعری میں معنی آفرینی کا عنصر سادگی اور پرکاری کے ساتھ پیوست ہے اور پریم اور محبت کا درس جب شعری پیکر میں ڈھلتا ہے تو دل پر مسیحائی کا اثر کرنے لگتا ہے۔

کبیر سر پر سرائے ہے کیا سوئے سکھ چین

سو انس نگاراکوچ کا باجب ہے دن رین
مائی کہے کمہار کوں تو کیا روندے موہیں
ایک دن ایسا ہوو یگا میں روندونگی توہیں

(پنجاب میں اُردو۔ حافظ محمود شیرانی۔ص نمبر ۲۰۶)

کبیر کی زبان اُردو کے اس قدر قریب ہے کہ اسے آج بھی سمجھنا دشوار نہیں۔ کبیر کی تصنیفات میں جو ریختہ مشہور ہیں ان میں ردیف اور قافیے کا استعمال بھی ہوا ہے۔ جس سے ظاہر ہوتا ہے کہ کبیر نے فارسی شاعری کے اثرات کو خندہ پیشانی سے قبول کیا تھا۔

سنتا نہیں دھن کی خبر ان حد باجا باجتا
رسمند مندر گا جتا باہر سنے تو کیا ہوا
قاضی کتابیں کھوجتا کرتا نصیحت اور کو
محرم نہیں اس حال سے قاضی ہوا تو کیا ہوا

(پنجاب میں اُردو۔ حافظ محمود شیرانی ص ۲۱۲)

اس لحاظ سے کبیر محض بھکتی تحریک کا رہ نما ہی نہیں بلکہ صحت مند ادبی تحریک کا نقطہ آغاز بھی ہے اور اس نے جہاں نچلے پست طبقے کو بلندی کی طرف مائل کیا وہاں ایک غریب زبان کو بھی تونگری عطا کرنے کی کوشش کی۔ جنوبی ہند میں رامانج کی بھکتی تحریک نے مقبولیت حاصل کی تھی اور اسے کبیر جیسا عوامی رہ نما ملا تھا، مگر شمال میں یہ تحریک اپنے اثرات گرو نانک جی کے ذریعے پھیلانے لگی۔ نانک صاحب کی تعلیمات میں کبیر کا پرتو صاف دکھائی دیتا ہے اور گرو گووند سنگھ نے تو اعتراف کیا ہے کہ: کبیر پنتھی اب بھیو خالصہ

یعنی کبیر پنتھی ہی اب خالصہ بن گیا ہے۔ نانک صاحب نے اپنے باطن کی آنکھ کسی ایک مذہب کے مشاہدے کے لیے وقف نہیں کی، بلکہ حق کے لیے انھوں نے ہر در کی جبین سائی کی اور محبت، صلح اور آشتی کا رویہ اختیار کیا۔ نانک صاحب چوں کہ اپنا پیغامِ حق شمالی ہند میں پھیلا رہے تھے اس لیے انھوں نے اس خطے کی زبان پنجابی کو وسیلۂ اظہار بنایا۔ تاہم ان کے بیش تر پنجابی کلام پر اُردو زبان کا اثر و رنگ صاف نظر آتا ہے۔ بقول ڈاکٹر جمیل جالبی:

"گرو گرنتھ میں اُردو زبان کی جو شکل و صورت ملتی ہے، اس سے معلوم ہوتا ہے کہ انھوں نے اپنے خیالات کی تبلیغ کے لیے اس زبان کا سہارا بھی لیا ہے۔"[۳]

مثال کے طور پر ملاحظہ ہوں:

نانک ننھے ہور ہو جیسے ننھی دوب
سیئے گھاس چر جائیں گے دوب خوب کی خوب
نانک دُنیا کیسے ہوئی
سالک مت نہ رہیو کوئی
بھائی بندھی پیت چکایا
دُنیا کا رن دین گنوایا

(تاریخ ادب اُردو۔ ڈاکٹر جمیل جالبی۔ص نمبر ۴۸)

بھکتی تحریک کے دوسرے نام ور شاعروں میں دادو، چیتنیہ، میراں بائی، سنت تکارام، بھکت سورداس، ودیاپتی، چنڈی داس، نام دیو، پریم نند اور تلسی داس وغیرہ کو بہت شہرت حاصل ہے۔ مراٹھواڑہ کی سیاسی، سماجی، تہذیبی و لسانی تقدیر دکن سے وابستہ رہی ہے۔ دیوگیری یا دولت آباد شمالی ہند کے لیے ایک طرح سے باب الداخلہ کا کام دیتا رہا ہے۔ لہٰذا شمال کی طرف سے آنے والی ہوا کا تازہ جھونکا سب سے پہلے یہیں گل کھلاتا ہے۔ شمال کا سیاسی، سماجی و لسانی پودا سب سے زیادہ بار آور یہیں ہوا، کیوں کہ دکن کی سطح مرتفع کا بالائی علاقہ جغرافیائی طور پر دو تہذیبوں کے سنگم پر واقع ہے اور اسی لحاظ سے یہاں ایک نئی تہذیب کے اُبھرنے کے امکان زیادہ تھے، تاریخ شاہد ہے کہ اس علاقے کو نئی لسانی و سماجی تحریک سے متعارف کرانے والے شمال سے آنے والے فاتحین نہیں بلکہ صوفیائے کرام اور سنت تھے۔ ڈاکٹر سہیل بخاری تو سنت گیانیشور کو ہی اُردو کا پہلا شاعر تصور کرتے ہیں:

> ”ہمیں اپنی زبان کے ادبی آثار پہلی بار مراٹھواڑہ میں نظر آتے ہیں، جہاں کا سفر اُس نے بھگتوں کے ساتھ کیا ہے۔ چناں چہ اُردو کے پورے پورے جملے اور فقرے ہمیں پہلی بار بھگتوں کی شاعری میں دیکھنے کو ملتے ہیں اور اُن میں مراٹھی شاعر گیانیشور کو اُردو کا پہلا شاعر کہا جاسکتا ہے۔“[۴]

جس زبان میں شمال میں امیر خسرو (۱۲۵۳ء۔۱۳۲۵ء) اپنی تخلیقی گلکاریاں بکھیر رہے تھے، ٹھیک اُسی عہد اور اُسی زبان میں سنت نام دیو (۱۲۷۰ء۔۱۳۵۰ء) جنوب میں عوامی ادب تخلیق کر رہے تھے۔ اسی لیے نام دیو کو ”مراٹھی خسرو“ بلکہ مراٹھواڑی خسرو کہنا بے جانہ ہوگا:

مائی نہ ہوتی باپ نہ ہوتا کرم نہ ہوتا کایا
ہم نہیں ہوتے تم نہیں ہوتے کون کہاں تے آیا

(مراٹھواڑہ میں اُردو غزل۔ ڈاکٹر سلیم محی الدین۔ ص نمبر ۹)

یہ زبان انتہائی صاف شفاف زبان ہے اور برج بھاشا، کھڑی بولی، پنجابی یا دکنی سے ہر طرح سے مختلف زبان بھی ہے۔ لسانیاتی نقطۂ نظر سے دیکھا جائے تو اس زبان پر کسی زبان کے گہرے اثرات نظر آتے ہیں تو وہ اُردو کے اثرات ہیں۔ یہ صوفیا سب برصغیر کے مختلف خِطّوں میں پیدا ہوئے اور وحدانیت اور پریم و محبت کا پیغام اپنی علاقائی زبانوں میں لوگوں تک پہنچاتے رہے۔ بھکتی تحریک نے فرد کو سکون، اعتدال اور توازن کی فضا میں روحانی رفعت حاصل کرنے کا سبق دیا۔ اس تحریک کا اساسی مقصد اخلاقی اور اصلاحی تھا۔ بھکتی تحریک نے خدا کے شخصی تصور میں اپنائیت پیدا کی اور کبھی آقا اور غلام، کبھی خاوند اور بیوی، عاشق اور معشوق کا تعلق ابھارا، اس سے خدا کے تجریدی تصور کو شدید زک پہنچی لیکن تخلیقی اعتبار سے اس تصور نے جذباتی زاویے کو عمدہ کروٹ دی۔ ودیاپتی، میراں بائی اور چنڈی داس کی شاعری نے عورت کے جذبات کو سلگتی ہوئی زبان دے دی، اور یوں گیت کو بالخصوص فروغ حاصل ہوا۔ بقول ڈاکٹر وزیر آغا:

> ”بھکتی تحریک کی شاعری بحیثیت مجموعی عورت کی آواز ہے اور اس میں جہاں کہیں مرد کی آواز اُبھرتی ہے، اس پر بھی نسوانیت، لہجے کی غنائیت اور جذبے سے ہم آہنگ رہنے کا رجحان غالب ہے۔“[۵]

برصغیر کی ادبیات کو بھکتی تحریک نے بڑی خوبی سے متاثر کیا اور فارسی، عربی اور سنسکرت کے مقابلے میں دیسی بولیوں کو اہمیت دی۔ بھکت چوں کہ عوام کے دل میں اُترنا چاہتے تھے، اس لیے ان کی شاعری میں نرمی، لچک، خلوص و محبت کی فراوانی ہے۔ اس شاعری کی ایک اور خوبی اس کا آہنگ اور ترنم ہے، بھکتی تحریک میں موسیقی چوں کہ شجرِ ممنوعہ نہیں تھی اس لیے ان شعرا کے گیت عبادت کا حصہ بن گئے اور لوگوں کے دلوں کو براہِ راست تسخیر کرنے لگے۔ مجموعی طور پر یہ بھکتی تحریک کا ہی نتیجہ تھا کہ جب اُردو زبان تشکیل کے دور سے نکل کر تخلیقی اظہار کا وسیلہ بنی تو اُس میں اچھے ادب کے فروغ کے آثار بھی نظر آنے لگے۔ چناں چہ مذہبی زاویے سے قطع نظر بھکتی تحریک برصغیر کی ایک اہم ادبی تحریک بھی شمار ہوتی ہے۔ بھکتی تحریک کے مبلغوں کا کلام اگرچہ پورے طور پر اُردو ادب میں شمار نہیں کیا جاسکتا تاہم اُردو زبان کے ارتقا کو سمجھنے کے لیے یہ کافی معاون ہوتا ہے۔ ■

حواشی:

۱: مراٹھواڑہ میں اُردو غزل۔ ڈاکٹر سلیم محی الدین۔ ۲۰۱۳ء ص نمبر ۱۸
۲: سلاطین دکن۔ ہارون خان شیروانی۔ ص نمبر ۱۳۲
۳: تاریخ ادب اُردو۔ ڈاکٹر جمیل جالبی۔ جلد اوّل۔ ۱۹۸۷ء ص نمبر ۴۷
۴: اُردو زبان کی تاریخ۔ مرزا خلیل احمد بیگ پہلا ایڈیشن ۱۹۹۵ء ص نمبر ۱۴۴
۵: اُردو ادب کی تحریکیں۔ ڈاکٹر انور سدید۔ ص نمبر ۱۴۰

دکن میں اُردو۔ نصیر الدین ہاشمی
اُردو کی ابتدائی نشو و نما میں صوفیائے کرام کا حصہ۔ مولوی عبد الحق مرحوم
تصوف اور بھکتی۔ شمیم طارق
ہندوستان میں تصوف۔ ال احمد سرور۔ ۱۹۸۷ء
تصوف اور بھکتی کی اہم اصطلاحات۔ شمیم طارق ۲۰۱۸ء

تحقیق کی موجودہ صورحال قابلِ اطمینان اور خوش کن نہیں: پروفیسر معین الدین عقیل

انٹرویو کار: ڈاکٹر غضنفر اقبال

پروفیسر معین الدین عقیل (1946) نظریہ ساز تحقیق کار اور اختراعی ذہن کے صاحبِ تحریر ہیں جن کی تحقیق و تدقیق مثالی معیار کا اعلیٰ ترین نمونہ ہے۔ (غ الف)

غضنفر اقبال: محترم پروفیسر صاحب! آپ کی جائے پیدائش دکن ہے، عہد موجود میں کون سے علاقے دکن میں شمار کیے جا سکتے ہیں؟

معین الدین عقیل: جی ہاں! میری پیدائش (25 جون 1946) مملکت حیدر آباد کے شہر اودگیر (اس وقت ضلع بیدر) کی ہے۔ لیکن اب میں یہ نہیں کہہ سکتا کہ آج کل کون سے علاقے دکن میں شمار کیے جاتے ہیں، کیوں کہ بھارت میں جغرافیائی اعتبار سے اور ناموں کے لحاظ سے تبدیلیاں بکثرت آتی رہی ہیں۔ اب تو شاید دکن کے لیے تلنگانہ کی اصطلاح استعمال ہوتی ہے اور غالباً عام طور پر مقبول و مستعمل بھی ہے۔ میرے جدِ اعلیٰ سید امیر علی شہید سید احمد شہید کی تحریک سے تعلق رکھتے تھے اور 1857 کی جنگ آزادی میں شرکت کی وجہ سے اور پھر حیدر آباد ریزیڈنسی پر ایک معروف حملے کی وجہ سے انگریزوں نے انھیں گرفتار کر کے کالا پانی میں قید کر دیا تھا جہاں وہ 1888 میں شہید ہوئے۔ ان کے ورثا بیدر کے قریب جنواڑا میں آباد رہے جہاں ان کی زمینیں تھیں جن پر ان کا گزارا تھا۔ میرے والد سید ضمیر الدین (1978-1912) مملکت آصفیہ کی سرکاری ملازمت میں تھے اور اودگیر میں تعینات تھے، جہاں سے انھوں نے 1952 میں اپنے خاندان کو لے کر پاکستان ہجرت کی اور بقیہ ساری زندگی کراچی میں قیام کیا۔

س: پاکستان ہجرت سے قبل کی دکن کی وہ کون سی باتیں یا یادیں آپ کے ذہن میں محفوظ ہیں؟

ج: میری پیدائش شہر اودگیر کی ہے اور میں 1952 تک وہاں اپنے خاندان کے ساتھ مقیم رہا اور مارچ میں وہیں سے بذریعہ ریل گاڑی بیدر اور حیدر آباد ہوتے ہوئے پاکستان کا رُخ کیا۔ ان دونوں شہروں میں ہمارے رشتے دار مقیم تھے اور چند اب بھی وہاں قیام پذیر ہیں۔ ان میں اپنے رشتے داروں سے الوداعی ملاقاتیں مقصود تھیں۔ میری عمر اس وقت چھ سال کے لگ بھگ تھی اور میں وہاں اودگیر کے مرکزی علاقے میں موجود ایک سرکاری اسکول میں داخل کر دیا گیا تھا اور پہلی ہی جماعت میں تعلیم جاری تھی۔ لیکن اس دوران میں ایک بار کوئی وبا پھیلی تھی تو وہاں سے ہمارا خاندان نقل مکانی کر کے ایک قریبی شہر احمد پور چلا گیا تھا اور چند دن وہاں مقیم رہا۔ چوں کہ میں پوری طرح اپنے ہوش و حواس میں تھا، اس لیے مجھے اودگیر اور احمد پور کی بہت سی باتیں یاد ہیں۔ احمد پور کے اسکول میں بھی چند دن کے لیے مجھے اور میرے بڑے بھائی (سید محی الدین نثار) کو جو مجھ سے عمر میں چار سال بڑے تھے، کلاس میں بٹھا دیا جاتا تھا۔ اودگیر اور احمد پور کے راستے میں چند میل کے فاصلے پر ایک گاؤں لونی تھا جہاں ایک باغ ہماری ملکیت میں تھا، جس کی دیکھ بھال میرے والد سید ضمیر الدین کیا کرتے تھے اور جہاں سے کبھی کبھی کچھ پھل یا آم وغیرہ ہمارے گھر پہنچائے

جاتے تھے۔ میرا خاندان کبھی کبھی اپنے اس باغ میں سیر و تفریح کے لیے جایا کرتا تھا۔ اس باغ میں ایک بہت بڑا کنواں تھا جس سے بیلوں کے ذریعے سے پانی کھینچا جاتا اور باغ میں سینچا جاتا تھا۔ یہ مناظر مجھے خوب یاد ہیں۔ وہاں کے کاشت کار سب ہندو تھے لیکن ان سے ہمارے خاندان کے تعلقات بہت دوستانہ تھے کہ پاکستان آنے سے پہلے ان سے بھی ایک الوداعی ملاقات کا منظر مجھے اب تک یاد ہے۔ ان سے رخصت ہوتے وقت اس ہندو خاندان کے سربراہ کو، جن کا نام شاید بھیمیا تھا، میرے والد نے کچھ ہدایات دی تھیں۔ میرے والد اس باغ کی ملکیت کا فیصلہ آخری وقت تک نہ کر سکے تھے اس لیے شاید وہ باغ اسی بھیمیا کو تفویض رہا۔

اپنے انتہائی بچپن کے چھ سالہ قیام کے دوران میں میں نے سارا ہی اودگیر شہر مختلف حیلے بہانوں سے دیکھ لیا تھا۔ اس میں ایک بہت قدیم قلعہ جیسی عمارت تھی جس میں ایک بڑی باؤلی یا کنواں تھا اور اس کنویں کی تہہ میں ایک جانب مندر بھی تھا جس کے ایک پجاری کو بھی کئی بار دیکھا تھا۔ ایک جانب پہاڑ پر ایک درگاہ بھی تھی جو اب یاد نہیں کس نام سے معروف تھی۔ اس کے آس پاس سیتا پھل (شریفہ) کے باغات تھے، جن پر پھل لدے رہتے تھے۔ شہر کے ایک مقابل سمت میں ایک وسیع و عریض جگہ پر ایک قبرستان تھا، جہاں ہمارے خاندان کے ایک دو مرحومین کی قبریں بھی تھیں۔ جو شاہ راہ اودگیر سے گزرتی تھی۔ اس پر ایک بس اسٹاپ تھا جہاں پر ہر علاقے سے آنے جانے والی بسیں رکا کرتی تھیں۔ اسی بس اسٹاپ سے ملحق ایک اردو اسکول تعمیر ہوا تھا جسے مجھے اودگیر کے اپنے 1989 کے سفر میں دیکھنے کا موقع ملا اور جس کے اس وقت کے صدر مدرس (جن کا نام اب میں بھول رہا ہوں اور سننے میں آیا کہ میرے اس میزبان کا چند سال بعد انتقال ہو چکا ہے) سے میری ملاقات حیدر آباد میں اسی ماہ اقبال اکیڈمی حیدر آباد کے زیر اہتمام منعقد ہونے والی عالمی اقبال کانفرنس میں ہوئی تھی اور اودگیر سے رشتے کی مناسبت سے بہت جلد بے تکلفی میں بدل گئی تھی۔ اس سفر کے دوران میں انھوں نے اپنے اسکول میں میرے اعزاز میں ایک استقبالیہ تقریب منعقد کی تھی جس میں شہر کے متعدد عمائدین نے بھی شرکت کی تھی جو میرے لیے ایک مسرت انگیز اعزاز تھا۔

اسی اسکول کے نزدیک سے ایک راستہ اونچائی کی طرف جاتا تھا جس سے اوپر جائیں تو ریل گاڑی کا اسٹیشن آتا تھا۔ ہم اسی اسٹیشن کے ذریعے سے بیدر یا حیدر آباد آیا جایا کرتے تھے۔ میں جب لگ بھگ چالیس سال بعد 1989 میں دوبارہ اودگیر گیا تھا تو اس اسٹیشن کے آس پاس خاصی تعمیرات دیکھیں جن میں ایک بڑا کالج بھی نظر آیا۔ جو ایک شاہ راہ اودگیر سے گزرتی تھی اس پر کھلی جگہ کھیتوں کے درمیان ایک سرکاری دفتر بھی تھا جسے کچہری کہا جاتا تھا اور اسی میں میرے والد ملازمت کرتے تھے۔ 1989 کے بعد ایک اور بار 2008 میں مجھے اودگیر جانے کی مزید سعادت حاصل ہوئی لیکن محض چند گھنٹوں کے لیے۔ اس لیے اس بار صرف اپنے سابقہ گھر اور آس پاس کی معروف گلیوں اور مرکزی بازار اور چوبارے کی زیارت ہی کر سکا۔ چوبارے کے قریب واقع اس شہر کی مرکزی اور اپنے بچپن کی یادگار مسجد میں نماز پڑھ سکا، کسی جاننے والے سے ملاقات بھی نہ ہو سکی۔ یہ تو روداد ہے قدرے اپنی یادداشتوں پر منحصر، کیوں کہ وہ سب کچھ ضبط تحریر میں نہیں آسکتی ہیں جو ہر دوسرے تیسرے دن اب بھی مجھے اپنی گرفت میں لیے رہتی ہیں اور جو چاہے جزوی اور اشارتوں ہی تک محدود رہتی اور رکھتی ہیں۔

س: آپ اٹلی، جاپان اور پاکستان میں زبان، علم و ادب کے مدرس اعلیٰ رہے ہیں، تدریس کے معیار کو اعلیٰ اور بلند کرنے کے لیے کیا اقدامات کرنے ہوں گے؟

ج: اس سوال کا جواب بھی بہت طویل تر گفتگو کا طلب گار ہے اور دیگر متعلقہ امور کو بھی گفتگو میں شامل کرنے پر مصر ہے لیکن میں اسے بہت اختصار سے عرض کرنا چاہوں گا:

یہ جواب اپنے مباحث و دلائل میں اپنے نظامِ تعلیم کو نظر انداز نہیں کر سکتا کہ یہ ضرور ہے کہ نظام تعلیم میں یہ گنجائش ہو کہ معیار کو بہتر بنا سکے۔ یہ گنجائش کہاں کہاں مطلوب ہے؟ جواب یہ ہے کہ سب

سے پہلے نصاب کو ایسا ہونا چاہیے کہ خود جسے معیاری کہا جا سکے اور اسے معیاری اس وقت کہا جا سکے گا جب وہ ماحول، معاشرت اور تہذیب و روایات کے مطابق ترتیب، تصنیف یا تخلیق کیا جائے تا کہ نصاب سے استفادہ کرنے والے طلبہ اپنی ذہنی و فکری تربیت اور ضروری معلومات کے لیے بھی اسے استعمال کر سکیں۔ نصاب تشکیل دیتے ہوئے یہ امر بھی نمایاں رہے کہ طلبہ میں اپنی روایات سے سبق آموزی کا وصف بھی عام ہو سکے اور گہرائی و فکری بالیدگی بھی اس طرح ان میں نہ صرف پیدا ہو بل کہ اسے فروغ حاصل ہو کہ وہ خود اپنے لیے اور اپنی قوم کے لیے ایک بہتر شخصیت کی تشکیل اور بہترین مستقبل کی تعمیر کے لیے کوشاں ہو سکے اور حقیقی کام یابی کا حصول بھی اس کا عین مقصد رہے۔ اس کام یابی کا حصول تحقیق و تدقیق میں مہارت و تکمیل سے وابستہ رہے تا کہ علوم و معاشرہ ہر ایک اپنے اپنے حقیقی فوائد سے بہرہ مند رہیں۔ ایک معیاری نصاب میں کم از کم یہ خوبیاں ضرور ہوں تو یہ تعلیم کی بہتری اور تعلیم کے توسط سے معاشرے کی بہتری کا ضامن بن سکے گا۔

س: کیا تحقیق ناگزیر ہے؟

ج: جی ہاں! تحقیق ناگزیر ہے بل کہ لازم بھی ہے۔ ہم جب تک حق یا سچائی تک نہیں پہنچتے سچ کو پہچان نہیں سکیں گے۔ جب کہ علم کا مقصد ہی سچ تک پہنچنا یا حق کو پہچاننا ہے۔ ہمیں جھوٹ کو رد کرنے کے لیے سچ کا سہارا درکار ہوتا ہے اور جب تک جھوٹ رد نہیں ہوتا سچ سامنے نہیں آتا ہے۔ اس لیے سچ کو سامنے لانے کے لیے ہمیں تحقیق سے کام لینا اور جھوٹ کو رد کرنا پڑتا ہے اور یہ ناگزیر ہے۔

س: آج دکنی تحقیق کس سمت میں جا رہی ہے؟

ج: سمت کا تعین اور تحقیق کے سمت کا تعین اس وقت کیا جا سکتا ہے جب تحقیق کا مقصد ہمارے پیشِ نظر ہو۔ اس وقت تحقیق ہر جگہ اپنے کسی ایک مقصد سے نہیں ہو رہی ہے کہ ہم اس کی سمت کا تعین کر سکیں۔ یہ موضوعات کے لحاظ سے خاصی منتشر ہے بل کہ بے مقصد بھی ہے۔ اس سوال کا مدعا دکنی تحقیق سے ہے تو اس اعتبار سے دکن یا دکنی جامعات یا تحقیقی اداروں میں ہونے والی تحقیق پیش نظر ہو سکتی ہے۔ یا یہ بھی ہو سکتا ہے کہ وہ تحقیق جو دکنی زبان و ادب یا دکنی تاریخ و معاشرے کے بارے میں ہو۔ اس اعتبار سے تو ایک دور تھا کہ دکنی جامعات یا تحقیقی اداروں میں ہونے والی تحقیق اپنی تاریخ میں ہونے والی تحقیق کی تاریخ میں بے مثال تحقیق رہی ہے اور جس نے تحقیق کی عام صورت حال کو جو چاہے کسی علاقے یا کسی جامعہ میں ہو رہی ہو حد درجے متاثر کیا ہے اور بہترین مثالیں تک پیش کی ہیں، جن کی پیروی میں ساری جامعاتی تحقیق نے ایک بہترین فضا قائم کی ہے اور سارے ہند و پاک میں ہونے والی اردو تحقیق کو متاثر کیا ہے اور بڑے بڑے نام ور اور لائق ترین محققین پیدا کیے ہیں، جنھوں نے خود محققین کی مثالی نسلیں تیار کی ہیں۔ لیکن یہ صورتِ حال ماضی اور خصوصاً پچاس ساٹھ سال قبل تک کی ہے جب کہ اس کے بعد یا حالیہ عرصے میں ہونے والی تحقیق نے حد درجے مایوس کر رکھا ہے اور ہر سمت میں زوال پذیر ہی نظر آ رہی ہے۔ یہی صورت دکن میں اور دکنی تحقیق کی بھی کہی جا سکتی ہے۔ عمدہ تحقیق چاہے کسی خطے میں ہو اس کے بارے میں علم ہو ہی جاتا ہے، اس مناسبت سے عمدہ تحقیق شاذ ہی دکنی جامعات سے اب یہاں مجھ تک یا بیرونی دنیا تک پہنچ پاتی ہے جو بہر حال قابلِ اطمینان یا خوش کن نہیں!

س: 'فتح نامہ ٹیپو سلطان' آپ کی ایک نہایت منفرد تحقیقی تصنیف ہے۔ کیا وجوہ ہیں کہ سلطان ٹیپو دورِ حاضر میں معتوب ہے؟

ج: دورِ حاضر میں ہندستان میں صرف ٹیپو سلطان ہی نہیں شاید دیگر اہم مسلمان حکم راں بھی، بمثل اورنگ زیب عالمگیر و دیگر، آپ کے ہاں کے عام ذرائع ابلاغ کے مطابق معتوب نظر آ رہے ہیں۔ یہ ظاہر ہے کہ قومیت کے متصادم رویوں کے سبب ہی ایسا ہو رہا ہو گا۔ وہ وسعتِ قلبی اور دانش و حکمت جو بی آر امبیڈکر جیسے سیاست دانوں اور دانش وروں میں آپ کے ہاں ہر دور میں عام رہی ہے اور اب بھی بکثرت و وافر موجود ہے اور یقیناً موجود بھی رہے گی، یہ متصادم رویے عارضی اور وقتی ردِ عمل کے نتیجے میں نظر آتے ہیں لیکن جب تعلیم عام ہو گی اور تہذیب و شائستگی کو مزید فروغ ملے گا تو یہ منفی جذبات و خیالات اور ردِ عمل ضرور ایسا نہیں رہے گا اور اورنگ زیب اور ٹیپو سلطان بھی عصبیت و تنگ

نظری کے رویوں کے مقابلے میں اپنی حقیقی قدر و منزلت پر متمکن رہیں گے۔ اُس وقت عوام اور سب ہی باشندوں کو یہ اعتماد و افتخار حاصل رہے گا کہ یہ ایسے حکم راں گزرے ہیں جن پر قوم بلاشبہ فخر کرسکتی ہیں، جنھوں نے اپنے ماتحت عوام کو کسی تعصب و تفریق کے بجائے مساوی حقوق و دیانت داری کے ساتھ سبھی کی یکساں خدمت کی اور سبھی کو ہر طرح سیاسی و قومی اور معاشرتی فائدے پہنچائے ہیں!

س: آپ کے نزدیک بہمنی دور میں کون سے علمی و ادبی کارنامے انجام دیے گئے ہیں؟

ج: جناب، آپ کا یہ سوال ایک پورے تاریخی تناظر کا حامل ہے۔ بہمنی سلطنت اپنے قریبی عہد ماضی و مستقبل میں اور اپنے آس پاس کی دیگر حکومتوں کے مقابلے میں بہت ترقی پسند اور ترقی پذیر مملکت کے طور پر نمایاں ہوئی ہے اور جس کے سیاسی و تہذیبی، معاشرتی و علمی، ادبی کارنامے اور اس سے متعلق افراد و اکابر کی خدمات تاریخ میں ڈھکی چھپی نہیں ہیں۔ اور یہ کچھ کم بھی نہیں کہ ان سب کا ذکر اس ایک سوال کے جواب کے طور پر بیان بھی ہو سکے، اس لیے مناسب ہوگا کہ اس سوال کا جواب ان متعدد تصانیف میں تلاش کیا جا سکتا ہے جو بہمنی سلطنت کے قیام پر لکھی اور مقبول ہوئی ہیں اور حقائق کو عمدگی سے بیان کرتی نظر آتی ہیں۔ بطور مثال راقم الحروف درجِ ذیل تصانیف کے حق میں ہے کہ سلطنتِ بہمنیہ کے کسی طرح کے معیاری مطالعے کے لیے ان سے استفادہ کیا جاسکتا ہے: سہیل 'تاریخ منظوم سلاطین بہمنیہ'، مرتبہ: احمد عبد اللہ چغتائی، دہلی 1944، ہارون خاں شیروانی، 'Bahmanis of Deccan'، حیدر آباد، 1951؛ و نیز، 'Mhmud awan'، الہ آباد، عبد الحمید صدیقی، 'بہمنی سلطنت'، حیدر آباد، 1942؛ 'فیروز شاہ بہمنی'، حیدآباد، 1924 ظہیر الدین احمد، 'احمد شاہ ولی بہمنی'، حیدر آباد، 1937؛ ڈاکٹر عبد المنان، 'فارسی ادب و تمدن میں بہمنیوں کا حصہ'، مشمولہ: 'معارف'، اعظم گڑھ نمبر 15، جلد 102؛ جب کہ قرونِ وسطیٰ کے مسلم ہندستان پر عمدہ و معیاری تصانیف کا ایک انبار ہے جس میں بہمنیہ سلطنت پر بھی عمدہ مواد ملتا ہے۔

س: علامہ سید ابوالاعلیٰ مودودی کی کتاب 'تاریخِ دکن' کو آپ کس نگاہ سے دیکھتے ہیں؟

ج: تاریخِ دکن پر گزشتہ دو تین صدیوں میں فارسی و اردو اور انگریزی زبانوں میں متعدد کتابیں لکھی جا چکی ہیں جن کی نوعیت قدرے مختلف بھی ہے جیسے علمی و تحقیقی اور تاریخی حوالوں سے۔ اور ساتھ ہی جب سے اسکولوں کے تعلیمی نصاب میں دکن اور تاریخ دکن بھی بطورِ موضوع شامل ہوا ہے اور خصوصاً بطور نصاب معاون و نصابی کتب لکھی جانے لگی ہیں، یعنی 1930 کی دہائی کے ابتدائی سالوں میں تو مولانا سید ابوالاعلیٰ مودودی نے بھی اپنے دیگر متعدد علمی منصوبوں کے مطابق دکن کی تاریخ پر بھی کتاب اور متعلقہ مقالات لکھے، ان میں 'تاریخِ دکن' بھی ان کا ایک منفرد اور مثالی کارنامہ سامنے آیا ہے جو 1932 میں شائع ہوا۔ نصابی ضرورت اور طلبہ کی سطح و معیار کے مطابق جو کتابیں اس وقت یا آس پاس کے عہد میں لکھی گئیں ان میں مولانا مودودی کی یہ کتاب نہایت معیاری و مفید ہے۔ اس میں دکن کی نہ صرف مسلم عہد حکومت کی تاریخ نہایت سلیس و مفصل انداز میں تحریر کی گئی ہے بل کہ مسلم عہد سے پہلے کے دور کو بھی بیان کیا گیا ہے اور مسلم عہد حکومت کے دور آخر تک کا اس میں احاطہ کیا گیا ہے جو نہایت معلوماتی و تجزیاتی اسلوب کا حامل ہے۔ معلوماتی لحاظ سے اس تصنیف کو نہایت مفید و معیاری تاریخ کہا جا سکتا ہے جس کو طلبہ کے لیے زیادہ سے زیادہ معلوماتی و مفید بنانے کے لیے اس میں سوال و جواب کا اہتمام بھی کیا گیا ہے تا کہ اساتذہ اور طلبہ خود ان سوالوں کے توسط سے اس میں درج معلومات کو ازبر کر سکیں اور بہت عمدگی سے اس کے اصل بنیادی مقصد کو حاصل کر سکیں۔ اس لحاظ سے اپنی سطح و معیار کی یہ تاریخ نہایت مفید اور سبق آموز کہی جا سکتی ہے جس سے نہ صرف طلبہ بل کہ اساتذہ بھی اسے پڑھاتے ہوئے نہایت قیمتی معلومات حاصل کر سکتے ہیں۔ مولانا مودودی جو ایک عالمِ بے بدل ہیں لیکن تاریخ نویسی میں بھی ان کی کاوشیں حد درجے متاثر کن ہیں اور دکن کی یہ تاریخ بھی ان کی ایک منفرد و یادگار کوشش ہے جس سے خاطر

خواہ استفادہ کیا جانا چاہیے۔ یہ تصنیف 1932 میں شائع ہوئی تھی لیکن بعد میں پھر کبھی شائع نہ ہوسکی۔ راقم الحروف نے اس تصنیف کی اہمیت وانفرادیت کے پیش نظر اسے شائع کرنے کے لیے اس کو اپنے ایک مفصل مقدمے اور متعلقہ نقشوں کے ساتھ اسے بغرضِ اشاعت مرتب کیا ہے اور آپ کے ہاں اقبال اکیڈمی کے سربراہ ضی الدین نیر صاحب کو بھی اس کا مسودہ ارسال کیا ہے کہ اس تصنیف کا تعلق دکن سے ہے اور یہ مولانا مودودی کی تصنیف ہے جو ان شاءاللہ جلد شائع ہو سکے گی۔ مولانا مودودی نے دکن پر مزید کام بھی کیے ہیں جن میں ایک نادر و غیر مطبوعہ منظوم تصنیف: 'فتوحات آصفی' کا تاریخی و تحقیقی مطالعہ اور 'دکن کی سیاسی تاریخ' بھی شامل ہیں جو اگر وہاں حیدر آباد میں شائع ہوں تو تاریخ دکن کے ضمن میں، مفید ترین کام ہوں گے۔ کیوں کہ موخر الذکر تصنیف پاکستان میں چھپتی رہی ہے۔

س: دیارِ دکن کی نئی نسل کے لیے آپ کا خصوصی پیغام؟

ج: دیارِ دکن کی نئی نسل کو یہ احساس ہونا چاہیے یا یہ معلوم ہونا چاہیے کہ اس کا تعلق ایک ایسی نسل سے ہے جو اس خطے یا اس علاقے میں رہتی ہے یا یہاں پیدا ہوئی ہے جو اپنی تاریخی حیثیت میں یہ امتیاز رکھتی ہے کہ اس خطے نے ایک ایسی قوم کو بھی پیدا کیا ہے جو اپنی تاریخ و تہذیب اور معاشرت کے لحاظ سے اس خطے کی دیگر قوموں سے کئی اعتبار سے مختلف بلکہ افضل و برتر ہے اور اس نے اپنی مخصوص و منفرد زبان دانی کے ذریعے سے اپنی ایک انفرادیت بھی قائم کی اور اپنے مخصوص انداز و اسلوب کا ادب بھی تخلیق کیا، جس نے اسے ساری دنیا میں ممتاز اور نمایاں کیا اور اس کا تخلیق کردہ ادب زندگی اور فکر و احساس کی ساری انفرادی خوبیوں اور توانائیوں سے مالا مال ہے کہ کسی اور قوم کی زبان اور اس کے ادب میں وہ چاشنی موجود نہیں جو اس میں نمایاں رہی ہے، اس ادب کے ساتھ ساتھ اس قوم نے علمی تخلیقات اور مطالعات و تحقیقات میں بھی ایسے کارنامے انجام دیے کہ جنھوں نے ادب اور مطالعات و تحقیقات کو وہ شان و شوکت عطا کی کہ اس خطے کو ان کے وسیلے سے ایک امتیاز حاصل ہوا جو بعض صورتوں میں صرف اس خطے کے ساتھ ہی مخصوص ہے۔ آدابِ رہن سہن اور میل جول کے آداب یا آدابِ معاشرت میں بھی اس قوم کے اپنے انداز و اسالیب ہیں کہ شاید ہی کوئی دوسری قوم اس کی ہم سری کر سکے، اپنی مملکت کے نظام و انتظام میں بھی اس قوم نے وہ مثال و انفرادیت دکھائی ہے کہ اس قوم نے اپنے نظامِ سیاست اور اس کے تحت نظمِ مملکت کو بھی وہ امتیاز عطا کیا ہے کہ جس میں طوائف الملوکی اور انتشار و عداوت جیسے منفی عیوب کسی دور میں مقابلۃً یہاں نظر نہیں آتے ہیں، یہ وہ امتیازات اور خصوصیات ہیں جن کے طفیل اس کے زیرِ اثر پیدا ہونے اور پرورش پانے والی نسلوں کے اصحابِ فن و اربابِ دانش دنیا کے دیگر مختلف ممالک میں آباد ہو کر وہاں بھی اپنی تہذیبی خوبیوں سے سارے عالم کو فیض یاب اور متاثر کرنے میں بھی امتیاز و اعزاز حاصل کیا ہے کہ جو وہاں بھی قدر و ستائش کی نگاہ سے دیکھا جاتا ہے۔ چناں چہ ان خوبیوں اور اوصاف کے حامل ہوتے ہوئے آپ کو سوچنا چاہیے کہ آپ اپنے حال اور مستقبل کو بھی ان خوبیوں سے سنواریں کہ ساری دنیا آپ کی قدر شناس ہو اور آپ کو عزت و وقار بھی حاصل رہے۔ آپ کو اپنے یہ قومی امتیازات اس لیے بھی حاصل ہیں کہ آپ اگرچہ اسی خطے میں پیدا ہوئے اور یہاں کی زمینی و جغرافیائی خصوصیات سے مالا مال ہونے اور انھیں اپنے وجود کا حصہ بنانے کے باوجود ایک ایسی قوم سے بھی تاریخی و تہذیبی رشتہ رکھتے اور اس سے مخصوص قومی صفات سے فیض یاب ہوتے رہے ہیں جو عالمی تناظر میں ایران و ترکستان اور مشرقِ وسطیٰ کی دیگر تہذیبوں و معاشرت کے اجزا سے موسوم ہے اور جنھیں آپ اپنی شخصیت اور فکر و احساس میں سمیٹے ہوئے ہیں اور ان سب کو جب اور جہاں موقع ملتا ہے نمایاں بھی کر دیتے ہیں۔ یہ اعزاز ہندستان کی دیگر مقامی قوموں یا قومیتوں کو آپ کی طرح حاصل نہیں جس پر آپ فخر کر سکتے ہیں! ■

انشااللہ خان انشا کے نثری امتیازات
(سلک گوہر کے حوالے سے)

ڈاکٹر محمد علی حسین شائق

اسے اردو ادب کی وسیع القلبی کہیے یا وسیع النظری کہ اس نے ہمیشہ نئے تجربے کو اپنے اندر جگہ دی ہے۔ اتنا ہی نہیں نئے تجربے پر مباحث کے در بھی وا کیے ہیں۔ نثر کے میدان میں تو نئے تجربے کم ہوئے لیکن نظم کے میدان میں زیادہ تجربے کیے گئے اور مباحثوں کا سلسلہ بھی چلا ہے۔ اٹھارہویں صدی کے دوسرے نصف پر جب ہم نظر ڈالتے ہیں تو ایک شخص ایسا نظر آتا ہے جو ہشت پہلو ذہنیت کا مالک تھا۔ وہ بیک وقت شاعر بھی تھا، قواعد نویس بھی تھا، نقاد بھی تھا اور بہترین نثر نگار بھی، اتنا ہی نہیں بلکہ ماہر ظرافت، بذلہ سنج، ماہر سیف بھی جو متعدد جنگوں میں شریک بھی رہا جسے ہم انشااللہ خان انشا کے نام سے جانتے ہیں۔

انشااللہ خان انشا کی ولادت یکم ستمبر ۱۷۵۲ میں مرشد آباد میں ہوئی۔ ان کے والد میر ماشاءاللہ خاں ایک اچھے اور کامیاب طبیب و شاعر تھے، جو مغلیہ سلطنت کے زوال کے بعد دہلی سے ہجرت کر کے بنگال چلے گئے۔ جہاں انشا کی ولادت ہوئی۔ انشااللہ خاں انشا اردو کے علاوہ عربی، فارسی، ترکی، پشتو، ہندی، بنگلہ، پنجابی اور کشمیری زبانوں پر مہارت ہی نہیں رکھتے تھے بلکہ ان پر شاعرانہ قدرت بھی رکھتے تھے۔ انشا کے اندر ایک شاعر کے علاوہ ایک ظریف انسان بھی موجود تھا۔ بات ایسی کرتے تھے کہ سننے والا عش عش کر اٹھتا تھا۔ ان کے فہم و فراست کا یہ عالم تھا کہ غزلوں اور قصائد میں نئی نئی زمینیں نکالتے اور اشعار میں اچھوتے مضامین باندھنے کی کوشش کرتے اور کامیاب بھی ہوتے تھے۔

اس میں دو رائے نہیں کہ اٹھارہویں صدی نے بڑے بڑے شعرا و ادبا کو منصۂ شہود پر لایا لیکن ان میں انفرادیت انشا کو اس معنی میں حاصل ہوئی کہ انھوں نے اپنے آپ کو دوسروں سے الگ رکھا اور اردو ادب میں نئے نئے تجربے کیے۔

ان کی تصنیفات میں 'کلیات'، 'نظم'، 'دریائے لطافت'، 'رانی کیتکی کی کہانی'، 'مخزن الغرائب'، 'انشا کے ترکی روزنامچے' کے علاوہ 'سلک گوہر' شامل ہیں۔ 'سلک گوہر' اردو کی پہلی غیر منقوط کہانی ہے۔

انشا نے بغیر نقطے کی کہانی 'سلک گوہر' لکھ کر اپنی انفرادیت کو برقرار رکھا۔ حالاں کہ اس سے قبل ملک شعرائے ہند فیضی کی دو کتابیں 'موارد الکلم' اور 'سواطع الالہام' نثر عربی میں اور 'دیوان مادح' نظم فارسی میں مشہور ہو چکی تھیں۔ اس کے علاوہ خود انشا نے بھی ایک بے نقط قصیدہ، ایک بے نقط دیوان اور ایک بے نقط فارسی مثنوی 'طور الاسرار' کے نام سے ۱۷۹۹ میں تالیف کی۔ لیکن جہاں تک اردو نثر کا تعلق ہے تو 'سلک گوہر' اردو کی پہلی غیر منقوط کہانی ہے۔ حالاں کہ زیادہ تر قاری انشا کو بہ حیثیت شاعر ہی جانتے ہیں لیکن مولوی عبدالحق کی تحقیق 'رانی کیتکی کی کہانی' اور مولانا امتیاز علی عرشی کی تحقیق 'سلک گوہر' نے انشا کو بہ حیثیت نثر نگار بھی متعارف کرایا۔

انشا کے زمانے میں بے نقط تحریر لکھنا قدرت اظہار کا اعلان سمجھا جاتا تھا اور انشا کا معاملہ یہ تھا کہ قدرت اظہار کے گوناگوں مظاہرے کر کے حریفوں کو نیچا دکھایا جائے۔ بے نقط نظم و نثر بھی ان کے لیے اسی قسم کا مشغلہ تھی۔ بظاہر یہی نظر آتا ہے کہ جہاں انھوں نے فارسی اور اردو میں بے نقط شعر لکھ کر اپنی قادر الکلامی کا مظاہرہ کیا وہاں نثر میں بھی یہ جوہر دکھانے کی ٹھانی اور ایک کہانی 'سلک گوہر' لکھ ڈالی۔

'سلک گوہر' ۳۶ صفحات پر مشتمل ایک مختصر کہانی ہے۔ کہانی میں رومان پسندی کا اظہار ہے۔ اس کہانی کے تین کردار 'ملک روس'، 'ملکہ گوہر آرا' اور اس کی سہیلی 'گل رو' ہیں۔ کہانی کا اختصار یہ ہے کہ یہ تینوں کردار آپس میں لطف اندوز ہوتے نظر آ رہے ہیں۔ جس میں تینوں

ایک دوسرے کو بہ طور زینہ کے استعمال کرتے ہیں۔ جس کی بنیاد تلذذ آفرینی ہے۔

کہانی کے اعتبار سے اگر 'سلک گوہر' کا مطالعہ کیا جائے تو قاری پر اس کا کوئی خاص اثر نہیں پڑتا۔ اس کہانی میں کوئی نئی بات نہیں ہے اور نہ ہی اس میں ندرت ہے۔ اس کہانی میں واقعات کا تنوع بھی نہیں کے برابر ہے۔ بس ایک ہی بات جو اس کہانی کو دل چسپ یا کومل بناتی ہے وہ اس میں پیش کیا گیا حسیاتی تجربہ ہے۔ انشا نے جن حروف کا استعمال کر کے کہانی کے اندر حسیاتی کیفیت پیدا کرنے کی کوشش کی ہے وہ 'ل' اور 'گ' ہیں۔ ان حروف کا استعمال کر کے انھوں نے حسیاتی کیفیت کا خوب صورت انداز میں اظہار کرنے کی کوشش کی ہے۔ دیکھیے یہ شعر:

اہلا گہلا رسمسا گورا گورا واہ
سادا سادا گدگدا گول گدا کا آہ

انتظار حسین اس ضمن میں رقم طراز ہیں:

"کہانی کے اعتبار سے اپنے اندر کوئی نیا پن نہیں، کوئی ندرت نہیں رکھتی۔ ویسے بھی کہانی خاص چھدری ہے۔ واقعات کے اینچ پینچ اور نشیب و فراز نہ ہونے کے برابر ہیں۔ جس چیز پر کہانی نویس زور دیتا نظر آتا ہے، وہ حسیاتی تجربے ہیں۔ یوں لگتا ہے کہ انشا کا مقصود برائے کہانی یا داستان سنانا نہیں ہے۔ مقصود حسیاتی تجربوں کا تخلیقی بیان ہے۔"

(انشا کی دو کہانیاں، مرتب: انتظار حسین)

'سلک گوہر' کا مطالعہ اس بات کا اظہار کرتا ہے کہ انشا نے محض اپنی طبیعت کی اپج دکھانے کے لیے اردو میں بے نقط کہانی لکھنے کا مزاج بنایا۔ یہ بات اپنی جگہ مسلم ہے کہ انشا کے عہد میں اردو کے الفاظ کا سرمایہ کم تھا۔ اس پر طرہ یہ کہ انھوں نے ہندی کے کچھ الفاظ جو اردو میں استعمال ہوتے تھے مثلاً جھ، چھ، پھ، ٹھ، ڈھ وغیرہ کو بھی متروک رکھا اور غیر منقوط نثر لکھنے بیٹھ گئے۔ کہانی تو مکمل ہو گئی لیکن یہ بات رہ گئی کہ کہانی کو پڑھ کر کتنے قاری سمجھ سکیں گے۔ سب سے اہم بات یہ ہے کہ کسی بھی تخلیق کا مقصد یہ ہوتا ہے کہ وہ قاری کے درمیان جائے، قاری اسے پڑھے اور اپنا تاثر قائم کرے اور قاری اسی وقت اس تخلیق کو پڑھے گا جب اس کے اندر سہل زبانی، تسلسل، روانی اور شگفتگی ہو۔ اگر ایسا نہیں ہوتا ہے تو اس تخلیق کا کوئی مقصد ہی نہیں رہ جاتا۔ اگر زبان و بیان میں ثقالت ہو گی تو قاری دو چار سطر پڑھنے کے بعد اکتاہٹ محسوس کرے گا اور اس تخلیق سے اس کی عدم دل چسپی بھی ظاہر ہو گی۔ کوئی بھی تخلیق جب منظر عام پر آتی ہے تو اس کا مقصد قاری کو اپنی جانب متوجہ کرنا ہوتا ہے لیکن انشا اس کہانی کی تخلیق میں وہ چاشنی پیدا نہیں کر سکے جو انھوں نے اپنی دوسری تخلیقات میں کیا ہے۔ امتیاز علی عرشی کے ان جملوں کو دیکھیں:

"جہاں تک لطف زبان کا تعلق ہے، انشا کا قلم وہ گلکاریاں دکھانے میں بالکل ناکام رہا ہے جو اس کی دوسری کتابوں میں جگہ جگہ نظر آتی ہیں۔ اس کی وجہ یہ نہیں کہ انشا نے یہ کوئی انوکھی کوشش کی تھی۔ اس سے پہلے علاوہ چھوٹی چھوٹی عبارتوں یا خطوط کے ملک شعراے ہند فیضی کی دو کتابیں 'موارد الکلم' اور 'دیوان مادح' نظم فارسی میں موجود اور مشہور و مقبول ہو چکی تھیں۔ خود انشا نے ایک بے نقط دیوان اور ایک بے نقط فارسی مثنوی 'طور الاسرار' کے نام سے ۱۷۹۹ میں تالیف کی تھی۔ چناں چہ اس کا ایک شعر 'سلک گوہر' کے دیباچے میں نواب سعادت علی خان بہادر کی مدح کرتے ہوئے نقل بھی کیا ہے:

"دراصل اس بے لطفی کی وجہ یہ ہے کہ عام اردو بول چال کا سرمایہ الفاظ انشا کے عہد میں یوں ہی کم تھا، اس پر طرہ یہ ہوا کہ ہندی کے وہ سب لفظ جن میں ٹ، ڈ، یا ڑ پائی جاتی ہے، اس بنا پر چھوڑنا پڑے کہ اس زمانے میں ان پر چھوٹی سی 'ط' لکھنے کی جگہ چار چار نقطے لگائے جاتے تھے۔"

(سلک گوہر، صفحہ نمبر ۳، ۴)

ایسی صورت حال میں انشا نے جب ان حروف کو بھی چھوڑ دیا جن کی بنا پر چار چار نقطے لگانے پڑتے تھے تو لفظوں کا استعمال اور بھی

مشکل ہوگیا۔ تاہم انشانے اپنی ذہنی اپج کے تحت لفظوں کا استعمال اور اس کے معانی و مطالب اپنے طور پر پیش کرنے کی کوشش کی۔

لیکن یہ بات بھی غور طلب ہے کہ کسی بھی زبان کی وسعت دامانی اس زبان میں استعمال ہونے والے الفاظ پر منحصر ہوتی ہے اور وہ زبان یا وہ تخلیق اپنے اندر اس وقت تک چاشنی پیدا نہیں کرسکتی جب تک اس زبان میں دوسری زبانوں کے حروف یا الفاظ نہ استعمال کیے جائیں۔ دنیا میں شاید ہی کوئی ایسی زبان ہو جس کی اپنی لپی ہو اور وہ دوسری زبانوں سے الفاظ یا حروف مستعار نہ لیتی ہو۔ کسی زبان کے اندر وسعت دراصل دوسری زبانوں کے الفاظ و حروف کے مستعار لینے سے پیدا ہوتی ہے۔ لہٰذا اگر انشانے دوسری زبانوں کے الفاظ یا حروف کو مستعار نہیں لیا تو اس زبان کے ذریعے سے، اظہار خیال میں پیچیدگی کا ہونا لازمی ہے جو 'سلک گوہر' میں نظر آتا ہے۔

انشانے اپنی ذہانت کے اظہار کے لیے جہاں ایک نیا تجربہ کیا اور غیر منقوط کہانی لکھی وہیں ان کے یہاں سخت گیری کی جھلک بھی نظر آتی ہے۔ ادب تخلیقی اظہار کا نام ہے لیکن اس کا یہ مطلب نہیں کہ بالکل ہی اپنے آپ کو دوسروں سے منفرد کرلیں۔ اظہار بیان کے لیے اسلوب کے تعلق سے انفرادیت قائم کی جاسکتی ہے لیکن اس خیال کے اظہار کے لیے لفظوں کے استعمال سے پرہیز نہیں کیا جاسکتا ہے جو انشانے کیا ہے۔ بلاشبہ وہ مختلف الجہات خوبیوں اور صلاحیتوں کے مالک تھے لیکن 'سلک گوہر' کی تخلیق میں انھوں نے جس قدر سخت رویہ اپنایا ہے، اس سے اردو زبان و ادب کو فائدہ کم نظر آتا ہے۔

'سلک گوہر' کے مطالعے سے یہ بات بھی سامنے آتی ہے کہ اس میں کہانی پن کا احساس کم، داستان گوئی کا احساس زیادہ ہوتا ہے۔ اس کے علاوہ غیر منقوط الفاظ کے استعمال سے کئی جگہوں پر ایک ہی لفظ کو بار بار استعمال کیا گیا ہے۔ اس کے علاوہ درمیان میں اشعار کا استعمال کثرت سے کیا گیا ہے جو کہ نثری اسلوب کو متاثر کرتا ہے۔ اس بنا پر اشعار کا استعمال کم ہونا چاہیے۔ سلک گوہر کے اسلوب میں داستان گوئی کی زبان استعمال کی گئی ہے۔ ان جملوں کو دیکھیں:

> "اور وسواس کا کلسرا اس کا اگلا ہوا تم کھا کر سو رہا اور گہوارہ کودک ماہ مراد کا ہلا۔ ملک روس کلاہ مکلل گوہر و الماس و لعل رکھ کر، اس صدور امر کا مامور ہوا، سہا ہوا مع ماہ رو وارد معطر محل ہو کر کراہا۔"

(سلک گوہر، ص:۸،۹)

'سلک گوہر' کی ابتدا حمدیہ و نعتیہ جملوں سے ہوتی ہے۔ کہانی کی ابتدا میں حمدیہ اور نعتیہ جملوں کا استعمال انشا کے مذہبی لگاؤ کو ظاہر کرتا ہے یا یہ اس زمانے کی روایت رہی ہو۔ درج ذیل جملے ملاحظہ ہوں:

> "عالم عالم حمد، صحرا صحرا درود، اللہ صمد ودود اور رسول کردگار، سرگروہ رسل، محمد محمود، اور آلہ الاطہار کو، اور سو لاکھ سلام ہر سحر و مسا اس ماہ مصر اسلام، مدار المہام سرکار ملک علام، امام ہمام، اسد اللہ کو کہ مع عساکر و اعلام مدام معرکہ آرا رہا۔ اس حد کو علم کس کا اور کس کا حوصلہ کہ مرحلہ گرد اس راہ کا ہو۔ اللھم صلی علا محمد و آلہ و علوہ و کمالہ!"

اب ان مصرعوں کو دیکھیں:

مداد مردمک حور و کلک سدرہ کدھر
کہ ہر مسودۂ حمد داور عالم
مدام ورد درود رسول صل علا
محمد و علا آلہ کرو ہر دم

حمد و درود کے بعد کہانی آگے بڑھتی ہے ملک روس گوہر آرا سے وصل سے قبل گل رو سے وصل حاصل کرتا ہے اور پھر یہ جملے ادا کرتا ہے، ملاحظہ کیجیے:

> "ماہ رو کا سوادا کھا کر، لعل گوہر دار ہلا اور کہا کہ لو آؤ، دم لو، آرام کرو، راگ واگ گاؤ، ہمدگر کا گلہ ولہ سارا دور کرو، گال ملو، گال ملواؤ، محرم کھولو، محرم کھلواؤ، مساس کرو، مساس کرواؤ، گول گول کولھا ملو، ملواؤ، آہ واہ کرو، کرواؤ، گل رو کا اسم 'گلو' رکھو اور ماہ رو کو ہمدگر صلاح کار کر کر اس کا صلہ دو۔
>
> الحاصل سر محرم کھلا اور ہر طرح کا مساس اور گھل گھلاؤ اور مل ملاؤ ہو کر راگ کا لہرا لگا۔ ملکہ گوہر آرا کا سوہا واہ واہ اور گل رو کا دائرہ اللہ اللہ ملکہ گوہر کا دل اس کا دائرہ مسرور

ہوا، سراہ کر کہا کہ گل رو اگر اس دم مال اور ملک درکار ہو کہو کسو اور کو دلوا دو۔ اور اس گوہر آرا کو مملو کہ معلوم کرو، کہا کہ اس گل رو کو وہ دو کہ اس کو درکار اور اصل مدعا اور مراد ہو۔"

(سلک گوہر، ص: ۱۶)

اوپر کے جملوں میں استعمال کیے گئے چند الفاظ جیسے "گال ملو اؤ، گال ملواؤ، محرم کھولو، محرم کھلواؤ، مساس کرو مساس کرواؤ، گول گول کولھا ملو اور ملواؤ، آہ واہ کرو، کرواؤ، سب ایسے الفاظ ہیں جن سے جنسیات کی واضح طور پر بو آتی ہے اور جہاں انشا نے کہانی کی ابتدا میں حمدیہ اور نعتیہ جملوں کا استعمال کیا ہے وہیں اس طرح کے جملوں کے استعمال سے تکرار خیال پیدا ہو جاتا ہے۔

ان تمام باتوں کے علاوہ انشا کے حوالے سے یہ کہہ دینا مناسب ہوگا کہ جن دنوں انشا نے یہ کہانی لکھی اس وقت نثر میں نئے تجربے کرنے کی گنجائش بہت کم تھی۔ ساتھ ہی بیانیہ اسلوب ابھی تیار ہو رہے تھے اور اردو نثر ابھی اپنے ارتقائی مرحلے میں تھی۔ ایسی صورت حال میں بے نقط نثر لکھنا خود کو مصیبت میں ڈالنا تھا تاہم انشا نے یہ بیڑا اٹھایا۔ شاید یہی وجہ تھی کہ 'سلک گوہر' کی زبان میں بے کیفی نظر آتی ہے۔ ان تمام کے علاوہ انشا نے جو اپنے اوپر پابندیاں عائد کر رکھی تھیں وہ بھی کچھ حد تک ذمے دار تھیں۔ ڈاکٹر ندیم حمد کے ان جملوں کو دیکھیں:

"انشا نے جس زمانے میں یہ کہانی لکھی اس وقت نثر میں نئے تجربے کرنے کی گنجائش کم تھی۔ بیان کے اسلوب ابھی بن رہے تھے، اردو نثر اپنے ارتقائی مرحلے میں تھی۔ ان حالات میں بے نقط نثر لکھنے کا تجربہ جان جوکھوں کا معاملہ تھا۔ لطف زبان کے تعلق سے 'سلک گوہر' کی بے کیفی بہت حد تک اس روایت کی دین تھی، جو متلاشی تھی ایک ایسے طریق اظہار کی جس میں عصری زندگی کے متنوع تجربات اور معاشرتی مشاہدات جگہ پا سکیں۔ 'سلک گوہر' کی بے لطفی میں کچھ اس پابندی کا بھی ہاتھ ہے، جسے انشا نے خود پر عائد کر رکھا تھا۔"

(انشاءاللہ خاں انشا: حیات و خدمات، ص: ۱۱۴)

بہر حال انشا نے اپنی ذہنی اپج کے اظہار کے لیے ان الفاظ کا استعمال کیا لیکن اس کہانی سے کوئی خاص نتیجہ بر آمد نہیں ہوتا ہے، تاہم اس کے مطالعے سے حسیات کا احساس ہوتا ہے۔ ایسا بھی ہو سکتا ہے کہ انشا اپنی حسیات کا اظہار چاہتے ہوں۔ جہاں امتیاز علی عرشی نے اس کہانی کو انشا کی ذہنی اپج بتایا ہے، وہیں انتظار حسین نے اس کہانی کو حسیات کا اظہار بتایا ہے۔ انشا نے جن باتوں کو اپنے محسوسات میں جگہ دی تھی شاید اس کے اظہار کے لیے اس طرح کی کہانی لکھی ہو۔ انتظار حسین کے اس بیان کو دیکھیں:

"یوں دیکھیں تو پھر بے نقط نثر لکھنے کا یہ تجربہ محض قادر الکلامی کا مظاہرہ نہیں رہتا، نہ محض طبیعت کی اپج دکھانے کی کوشش نظر آتی ہے جیسا کہ مولانا امتیاز علی عرشی نے ثابت کرنے کی کوشش کی ہے بلکہ یوں نظر آتا ہے کہ انشا جو حسیاتی تجربے بیان کرنا چاہتے تھے، ان کے تقاضے کے تحت اظہار کی یہ راہ نکالی گئی ہے اور اب ہم ان کی بے نقط نظم اور بے نقط نثر میں فرق کر سکتے ہیں۔ ان کی بے نقط نظم کسی تجربے کے تقاضے کے طور پر وجود میں نہیں آئی ہے۔ وہ بس قادر الکلامی کا مظاہرہ ہے اور لفظوں کے ساتھ ایک کھیل ہے مگر 'سلک گوہر' کی بے نقط نثر ایک تجربے کے بیان کی ضرورت کے تحت وجود میں آتی ہے، اس لیے وہ اپنے معنی اور مفہوم رکھتی ہے۔ یہ الگ بات ہے کہ انھوں نے یہ نثر لکھتے ہوئے اپنے دیوان بے نقط سے خاصا استفادہ کیا ہے، اس کے ساتھ اس بیان کی کوتاہیاں بھی ہم پر واضح ہوتی ہیں۔ حسیاتی معاملات کے بیان کی حد تک یہ بیان موثر نظر آتا ہے لیکن اس مقام سے گزر کر وہ بھی بے اثر ہو جاتا ہے اور اظہار کی راہ میں رکاوٹ بھی بنتا ہے۔"

اس کہانی میں قباحت یوں پیدا ہوتی ہے کہ انشا نے پوری کہانی کو شروع سے آخر تک بے نقط نثر میں لکھنے کا التزام کیا ہے۔ خرابی بے نقط نثر لکھنے کے تجربے میں

نہیں ہے بلکہ اس میں ہے کہ کہانی میں پیش آنے والی ہر صورت حال کو اسی طرز میں بیان کرنے کی کوشش کی گئی ہے۔ اس کا نتیجہ یہ ہوا کہ تجربہ اتنا بامعنی نہیں بن سکا جتنا بامعنی 'رانی کیتکی کی کہانی' کا نثری تجربہ ہے اور نہ اظہار اتنا بھر پور ہو سکا جتنا اس کہانی میں ہے۔"

(بحوالہ انشااللہ خان انشا، ندیم احمد، ص:۱۱۸، ۱۱۹)

انتظار حسین نے امتیاز علی عرشی کے خیال سے انحراف کرتے ہوئے 'سلک گوہر' کی تخلیق کا سبب حسیاتی تجربے کا اظہار بتایا ہے۔ بہر حال نئی تخلیق جو بھی ہوتی ہے اس میں تخلیق کار کی ذہنی اپج نظر آتی ہے، پھر وہ تخلیق بنتی ہے اور جہاں تک حسیاتی تجربے کی بات ہے تو ہر تخلیق کار اپنے اندر ایک حس رکھتا ہے اور وہ حس اظہار کے لیے تجربہ چاہتی ہے۔ وہی کام انشانے بھی کیا ہے اور 'سلک گوہر' تخلیق کی۔ انتظار حسین نے ایک اور بات صاف کر دی ہے کہ نظم میں لفظوں کا استعمال حسیاتی اظہار نہیں بلکہ لفظوں کا کھیل ہے لیکن ان لفظوں میں بھی حسیاتی پہلو غالب نظر آتا ہے۔ یہ شعر دیکھیں:

اہلا گہلا رسمسا گورا گورا واہ
سادا سادا گد گدا گول گدا کا آہ
ہم کو ملو، دلو، کھلو، کھولو گرہ کو واہ کرو
آؤ گھلو، ملو، کھلو، گود کو گدگدا کرو

بہر حال جہاں امتیاز علی عرشی نے 'سلک گوہر' کو انشا کی ذہنی اپج بتایا ہے، وہیں انتظار حسین نے اسے حسیاتی تجربوں کا پر جلال تخلیقی بیان بتایا ہے۔ معاملہ چاہے جو بھی ہو اتنی بات تو ضرور ہے کہ انشا نے اردو ادب میں ایک نیا تجربہ کر کے قاری کے سامنے تحقیق کے دَر وا کر دیا ہے۔

اس میں دو رائے نہیں کہ انشا نے 'سلک گوہر' لکھ کر اپنے نثری امتیازات کو برقرار رکھا ہے اور اب تک اس طرح کی غیر منقوط کہانی لکھنے کی کسی نے بھی جسارت نہیں کی ہے۔ اب تو اردو ادب میں الفاظ کی کمی بھی نہیں ہے لیکن ہمت کی کمی ضرور محسوس کی جا رہی ہے۔ اگر انشا کی اس روایت کو برقرار رکھا گیا تو آنے والی نسلیں ضرور اس میدان میں طبع آزمائی کریں گی۔ ■

شفا آئمی بہ حیثیت غزل گو

ڈاکٹر سلیم انور

شفا آئمی ۲۳؍فروری ۱۹۵۵ کو ضلع الہ آباد کے ایک تاریخی قصبہ مؤآئمہ کے محلہ اعظم پور میں پیدا ہوئے۔ درجہ اول سے انٹرمیڈیٹ تک کی تعلیم اسی قصبے سے حاصل کی۔ اس کے بعد الہ آباد یونیورسٹی سے فارسی زبان و ادب میں ایم۔اے کیا۔ تعلیم کی تکمیل کے بعد شعبۂ درس و تدریس سے وابستہ ہو گئے اور تادم آخر اسی پیشے سے منسلک رہے۔ ۷ مئی ۲۰۰۸ کو اس دار فانی سے کوچ کر گئے۔ ان کا اصل نام محمد سعید انصاری تھا لیکن شاعری میں شفا تخلص کرتے تھے۔ اپنے وطن (قصبہ) مؤآئمہ کی نسبت سے تخلص کے ساتھ 'آئمی' کا لاحقہ اختیار کیا اور علمی و ادبی حلقوں میں اسی نام (شفا آئمی) سے مشہور و مقبول ہوئے۔ شفا آئمی کی رحلت کے بعد ان کے اہل خانہ کی بے توجہی کے سبب بہت سی غزلیں تلف ہو گئیں۔ باقی ماندہ شعری سرمایہ ان کے انتقال کے ۱۰ برس بعد ۲۰۱۸ میں 'ارض و سما' کے نام سے شائع ہو کر منظر عام پر آیا، جسے ادبی حلقوں میں قدر کی نگاہ سے دیکھا اور سراہا گیا۔

غزل ایک ایسی نازک صنف سخن ہے، جس میں طبع آزمائی کرنا پُرخطر مراحل طے کرنے کے مترادف ہے۔ لیکن یہ بھی عجیب اتفاق رہا ہے کہ اکثر نوآموز شعرا نے اسی صنف کو اپنا تختۂ مشق بنایا ہے۔ جب کہ بعد میں بہت سے شعرا کی شناخت دوسری اصناف میں قائم ہوئی۔ شفا آئمی نے بھی اسی نازک، لطیف اور ہر دل عزیز صنف سے اپنی شاعری کا آغاز کیا اور حتی المقدور کامیاب اشعار کہنے کی کوشش کی۔ زبان پر ان کی گرفت مضبوط تھی۔ اردو زبان و ادب کے علاوہ فارسی زبان و ادب کا بھی گہرا مطالعہ تھا اور اس سے استفادہ بھی کیا تھا، جس کا اعتراف وہ اس شعر میں کرتے ہیں:

گرچہ نہیں ہے اپنا تعلق ایرانی ساسانی سے
فیض ہے لیکن ہم نے اٹھایا خاقانی قاآنی سے

مندرجہ بالا شعر میں افضل الدین بدیل بن علی خاقانی شروانی اور میرزا حبیب اللہ قاآنی کا ذکر کیا گیا ہے، جن کا شمار فارسی کے معتبر اور مستند شعرا میں ہوتا ہے۔ یہ شعر جہاں اس بات کی غمازی کرتا ہے کہ شفا آئمی فارسی زبان و ادب سے مستفیض ہوئے ہیں، وہیں کلاسیکی شعری روایت سے ان کی گہری وابستگی کا ثبوت بھی فراہم کرتا ہے۔ ان کو فارسی زبان و ادب سے گہرا لگاؤ تھا۔ انسان کو جس چیز سے انسیت ہوتی ہے وہ چیز لاشعوری طور پر اس کے ذکر اور فکر کا حصہ بن جاتی ہے لیکن ان کی غزلیہ شاعری کے غائر مطالعے سے یہ بات صاف طور پر ظاہر ہوتی ہے کہ ان کے کلام پر ان کی فارسی دانی کا غلبہ نہیں ہے۔ البتہ کہیں کہیں فارسی تراکیب اور علامتوں کی جلوہ سامانیاں ہیں جسے اردو شاعری کی روایت کی پیروی کا نتیجہ سمجھنا چاہیے۔

ایک اچھے فن کار کا یہ شیوہ رہا ہے کہ وہ زمانے کے مذاق کے مطابق اپنی تخلیقات کو نہیں ڈھالتا بلکہ زمانے کے تقاضے کو ادب کے معیار پر برتتا ہے۔ شفا آئمی نے بھی اسی روش کو اختیار کرتے ہوئے اپنی شاعری کی عمارت تعمیر کی ہے جس میں وہ بڑی حد تک کامیاب نظر آتے ہیں۔ موجودہ دور میں باذوق قارئین اور سخن فہم حضرات کی زبان کا اور ان کی سخن فہمی کا معیار روز بہ روز زوال کی طرف مائل ہے جو نہایت تشویش ناک امر ہے جس کی طرف شفا آئمی نے مندرجہ ذیل شعر میں اشارہ کیا ہے:

اس دور میں ہیں جتنے سخن فہم اے شفا
آسان کو بھی کہتے ہیں آسان کیجیے

شفا آئمی نے سادہ، عام فہم، صاف اور سلیس زبان کو شعوری طور پر برتنے کی کوشش کی ہے لیکن سادگی میں پُرکاری کی صفت اس انداز میں پیدا کی ہے کہ شعر میں ادبیت اور شعریت برقرار رہے۔ سادہ اور عام فہم

الفاظ کے استعمال کی ایک اہم وجہ یہ ہے کہ انھوں نے عوامی زندگی کو اپنی شاعری کا کلیدی موضوع بنایا ہے۔ اس زندگی کے حالات و کیفیات کو اسی احساس اور تاثر کے ساتھ بیان کرنے کے لیے انھیں انھی کی لفظیات کا سہارا لینا پڑا ہے۔ لیکن یہ بات ملحوظ خاطر رہے کہ انھوں نے عام لفظیات کا سہارا تو لیا ہے مگر اس لب و لہجے سے حتی الامکان گریز کیا ہے، جس سے شعر میں سطحیت، ابتذال اور بازاری پن جیسے عیوب در آتے ہیں اور شعر کا حسن مجروح ہوتا ہے۔

شفا کو لفظوں کے استعمال پر قدرت حاصل تھی۔ ان کے یہاں بہت سی علامتیں نئے مفاہیم کے ساتھ ادا ہوئی ہیں۔ کہیں کہیں لفظوں کی تکرار سے شعر میں حسن پیدا کرنے کی کوشش کی ہے۔ صنعتوں کا استعمال بڑی خوش اسلوبی کے ساتھ کیا ہے۔ صنعت تجنیس کی مثالیں ملاحظہ فرمائیں:

پھول سے بھی کچھ زیادہ پھول جاتے ہیں مگر
پھولنا آتا ہے ان کو پھولنا آتا نہیں

روشنی دل جلا کے کرتا ہوں
کیسا اچھا دیا، دیا تو نے

تخلص کا بامعنی استعمال کلام کا حسن ہے۔ یہ حسن اکثر کہنہ مشق اور استاد شعرا کے یہاں دیکھنے کو ملتا ہے۔ کلاسیکی شعرا میں خصوصاً حکیم مومن خاں مومن کے کلام میں یہ خوبی نظر آتی ہے۔ شفا آئمی کے یہاں بھی یہ خوبی موجود ہے جو ان کی مشاقی اور فنی بصیرت پر دال ہے۔ اس سلسلے میں مندرجہ ذیل اشعار قابل غور ہیں:

تھا مرض میرا لاعلاج مگر
اے خدا! بس شفا دیا تو نے

مجھ پہ اٹھتی ہے جب بھی اس کی نگاہ
بس شفا پا کے میں نکھرتا ہوں

میں تو بیمار تھا دائمی
لطف جاناں سے پائی شفا

شفا کی غزلیات کا مطالعہ کرنے سے ایک بات اور سامنے آتی ہے کہ ان کے شعری سرمائے میں مختلف النوع بحور کی رنگا رنگی ہے۔ انھوں نے کئی طرح کی بحروں میں طبع آزمائی کی ہے۔ الگ الگ بحروں کے استعمال سے اپنے کلام میں حسن، دل کشی، موسیقیت اور غنائیت پیدا کرنے کی کوشش کی ہے۔ اس سے اندازہ ہوتا ہے کہ وہ علم عروض پر بھی گہری نظر رکھتے تھے۔ ان کی غزلیں چھوٹی اور بڑی دونوں طرح کی بحروں میں ملتی ہیں۔ شفا آئمی کے یہاں چھوٹی بحروں کی بہ نسبت بڑی بحروں پر مشتمل غزلوں کی تعداد کم ہے۔ چوں کہ بڑی بحر کا کینوس وسیع ہوتا ہے، اس لیے اس میں کسی بڑے خیال، تجربہ، واقعہ، فلسفہ یا پیغام کو صراحت کے ساتھ پیش کرنے کے امکان زیادہ ہوتے ہیں۔ شفا آئمی نے اپنے وسیع تجربات و مشاہدات کو جن بڑی بحروں کے قالب میں ڈھالا ہے، ان کی کچھ مثالیں مندرجہ ذیل اشعار میں ملاحظہ فرمائیں:

میری خودی کو کبر سمجھ کر کھینچ لیا اس نے دامن
وائے مقدر عشق میں ہم نے کیوں یہ خیالِ خام کیا

قلم کو آب دے کر آج اک خنجر بناتا ہوں
میں کاغذ کے سپاہی کاٹ کر لشکر بناتا ہوں

فضائے رنگ و نکہت کی بقا کے واسطے
حدِ مقدور سے آگے گزرتا جا رہا ہوں میں

ہم مست قلندر ہیں جس کے اس یار کی باتیں کرتے ہیں
عشاق بتاں کچھ اور ہیں جو اغیار کی باتیں کرتے ہیں

کم ارکان والی چھوٹی اور مختصر بحروں میں بڑی بحروں کے مانند وسیع مضامین کو پیش کرنے کی گنجائش تو نہیں ہوتی ہے تاہم اشارے، کنائے، علامات اور رعایتِ لفظی کے ذریعے سے شاعر اپنی بات کہنے کی کوشش کرتا ہے اور اپنے وسیع تر خیالات کو پیش کرنے کے لیے ابہام کا بھی سہارا لیتا ہے۔ ابہام کے استعمال میں اس بات کا لحاظ رکھنا ضروری ہوتا ہے کہ شعر کا حسن زائل نہ ہونے پائے اور اس کی تفہیم میں بھی زیادہ دشواری نہ پیدا ہو، ورنہ شعر، شعر نہ رہ کر ایک معما بن جاتا ہے۔ جس کے

باعث شعر کی معنوی دنیا تک قارئین کی رسائی بھی مشکل ہو جاتی ہے۔ اس تناظر میں جب شفا آئی کے کلام پر غور کرتے ہیں تو یہ معلوم ہوتا ہے کہ انھوں نے شعر کہتے وقت مذکورہ امور پر خصوصی توجہ دی ہے اور ان خدشات کو بھی پیش نظر رکھا ہے، جن سے شعر کا خارجی حسن اور معنوی دنیا متاثر ہوتی ہے۔ شفا آئی نے چھوٹی بحروں میں تمام لوازمات شعری کو ملحوظ رکھتے ہوئے اپنے خیالات کو بہتر طور پر ادا کیا ہے۔ چند اشعار توجہ کے مستحق ہیں، ملاحظہ فرمائیں:

لب ہلے، ہل کے بس رک گئے
خامشی خود غزل ہو گئی

مہ و انجم میں الجھایا گیا ہوں
رہِ وحدت سے بہکایا گیا ہوں

اک کج نگاہی کے سبب
سب قصر شاہی ڈھ گئے

آئینہ، آئینہ ہی رہا
آپ ہی کیا سے کیا ہوگئے

شفا آئی کا مطالعہ بہت وسیع اور عمیق تھا۔ انھوں نے کتابوں کے مطالعے سے کہیں زیادہ انسانی زندگی کی کتاب کو پڑھا تھا، عام انسان کی زندگی کا بہت قریب سے مشاہدہ کیا تھا بلکہ یہ کہنا بجا ہوگا کہ انھوں نے اس زندگی کو جیا تھا۔ یہی وجہ ہے کہ انھوں نے عوامی زندگی اور اس کے مختلف پہلوؤں کو اپنی غزلوں کا محور و مرکز بنایا ہے۔ ان پر جو کچھ گزرتی یا جو کچھ وہ دیکھتے اور محسوس کرتے ان کو سیدھے سادے انداز میں بیان کر دیتے تھے۔ یہی وجہ ہے کہ ان کی شاعری قارئین پر براہ راست اثر انداز ہوتی ہے۔ اس تعلق سے ڈاکٹر ظفر انصاری ظفر رقم طراز ہیں:

> "شفا آئی کی شاعری زندگی کے عام تجربات پر مشتمل ہے۔ یہی وجہ ہے کہ اس میں عام زندگی کے روز و شب کے مسائل کی ترجمانی ملتی ہے۔ اس میں کہیں بھی فلسفیانہ موشگافیوں کی مثالیں نہیں ملتیں۔ وہ فلسفے کی پیچیدگیوں میں قارئین کو الجھانا نہیں چاہتے اور اپنی بات دو ٹوک انداز میں پیش کر دیتے ہیں۔ یہ وصف خاص ان کی شاعری میں ترسیل کا مسئلہ پیدا نہیں ہونے دیتا اور ان کی شاعری قارئین پر براہ راست اثر انداز ہوتی ہے۔" (۱)

شفا آئی نہایت حساس طبع انسان تھے اور اپنے سینے میں ایک دردمند دل رکھتے تھے۔ وہ اپنے اطراف و جوانب اور ملک و ریاست میں انسانیت کو تاراج کرنے والی خوں ریزیوں سے تڑپ اٹھتے تھے۔ سماج میں پھیلی برائیوں، خرابیوں اور بدعملیوں سے انھیں گہرا رنج پہنچتا تھا۔ ان خرابیوں کو دور کرنے اور ایک بہتر اور امن پسند سماج کی تعمیر کے لیے انھوں نے کئی مفید اور کارآمد مشورے بھی دیے ہیں، جن سے ایک طرح کا عزم اور حوصلہ ملتا ہے۔ یہ مشورے اور نصیحتیں اصلاحی رنگ میں ڈوبی ہوئی ہیں۔ جس کے باعث ان کی غزلوں میں جابجا اصلاحی نقطہ نظر نمایاں ہے، جو ان کے کلام کی ایک اہم خصوصیت ہے۔ اس تعلق سے چند اشعار سپرد تحریر کیے جاتے ہیں:

اٹھاؤ بارِ مصائب بڑے ہی عزم کے ساتھ
مگر گلہ نہ کرو بے کسی کے لہجے میں

کون درویش ہے اور کون جہاں گیر نہ دیکھ
کر عمل شام و سحر، غیر کی تقدیر نہ دیکھ

کام جو سامنے ہو، کر اسے، توقیر نہ دیکھ
زندگی کے لیے اعمال ہیں تقدیر نہ دیکھ

بیج ڈالو دلوں میں وہی
پیار ہی پیار جس سے پھلے

سینۂ سیہ میں تو آج نور پیدا کر
اس جہاں کی ظلمت کو نور سے مٹانا ہے

اخلاص اندرون ہو آئینہ اے شفا
جس طرح کی صفائی کا حق بھائیوں میں ہے

شفا نے ایک بہتر سماج کی تعمیر کے لیے عوام میں جوش، حوصلہ اور ہمت کا جذبہ بیدار کرنے کی کوشش کی اور اصلاحی طریقہ کار کو اپنایا جو سماج اور معاشرے کے لیے ان کی فکرمندی کا ثبوت پیش کرتا ہے۔ انھوں نے اپنی غزلوں میں صاف ستھرا اور پاکیزہ لب ولہجہ اختیار کیا۔ بعض کلاسیکی شعرا کی طرح انھوں نے بھی بادہ وساغر کا سہارا لے کر مشاہدۂ حق کی گفتگو کی ہے۔ اس ضمن میں ڈاکٹر تابش مہدی لکھتے ہیں:

> ''جناب شفا آئمی کے ہاں تغزل کا وہ پاکیزہ لہجہ بھی ملتا ہے جو حضرت حفیظ جون پوری، حضرت اصغر گونڈوی اور حضرت جگر مرادآبادی جیسے شعرا کی شناخت ہے۔ حقیقت یہ ہے کہ شفا آئمی ہمارے دور کے ایک اچھے، سنجیدہ اور تعمیر پسند غزل گو تھے۔ انھوں نے غزل میں موجودہ اسلوبیاتی نشیب و فراز سے دامن بچا کر خالص تغزل کو پیش نظر رکھا ہے اور بادہ وساغر کا سہارا لے کر مشاہدۂ حق کی گفتگو کی ہے۔'' (۲)

الغرض یہ کہ شفا آئمی کی غزلیہ شاعری کی مختلف جہتیں ہیں، جن کا احاطہ اس مختصر مقالے میں نہیں کیا جا سکتا ہے۔ البتہ چند پہلوؤں کو اجاگر کرنے کی کوشش کی گئی ہے، جن سے شفا آئمی کی فنی بصیرت اور فکری گوشے منور ہوتے ہیں۔ ان کے ذریعے سے ان کی غزلیہ شاعری کی اہمیت اور معنویت کا اندازہ لگایا جا سکتا ہے۔ ■

حواشی:

(۱) 'شفا آئمی: چند معروضات' ڈاکٹر ظفر انصاری ظفر، مشمولہ: ارض وسما، شفا آئمی، ایجوکیشنل پبلشنگ ہاؤس، دہلی، ۲۰۱۸، ص: ۱۸-۱۹

(۲) 'سخنے چند' ڈاکٹر تابش مہدی، مشمولہ: ارض وسما، شفا آئمی، ایجوکیشنل پبلشنگ ہاؤس، دہلی، ۲۰۱۸، ص: ۱۵

اردو صحافت اور حسرت موہانی

ڈاکٹر محمد امین عامر

اردو کے صف اول کے شاعر، ادیب، نقاد، صحافی اور جنگ آزادی کے عظیم مجاہد مولانا حسرت موہانی (۱۸۷۸ء-۱۹۵۱ء) (۱) جن کا اصل نام سید فضل الحسن تھا۔ تاریخ استقلال و حریت میں اپنے قائدانہ کردار کی بدولت اور اپنے مخصوص امتیازات کی وجہ سے بہت منفرد ہیں۔ زیر نظر مضمون میں مولانا حسرت موہانی کی اردو صحافت کا ایک مطالعہ پیش کیا گیا ہے، جس سے جنگ آزادی اور انقلاب کی تاریخ وابستہ ہے اور اس کے علاوہ اردو زبان و ادب کی عظیم اور ناقابل فراموش خدمات بھی نسل نو کے لیے درسِ عبرت کا درجہ رکھتی ہیں اور جن سے آگاہی لازمی ہے۔

سوال یہ ہے کہ حسرت موہانی اردو صحافت کی طرف کیوں مائل ہوئے اور کن اسباب کے تحت ملازمتی زندگی کو یکسر مسترد کر کے یکسوئی کے ساتھ وہ صحافت سے وابستہ ہو گئے تو اس کا جواب ذیل کی عبارت سے تھوڑا بہت مل سکتا ہے۔ ڈاکٹر شریف الدین رقم طراز ہیں:

> ”اردو صحافت کا جائزہ لیا جائے تو اندازہ ہوگا کہ شروع ہی سے اس کا مزاج باغیانہ تھا۔ ابتدا میں جو اخبارات و رسائل نکلے وہ سیدھے سادے تھے، اصلاحی، علمی و ادبی ہوا کرتے تھے مگر ان کی خبروں اور مضامین میں غم وغصے کی زیریں لہریں پائی جاتی تھیں۔ ۱۸۵۷ء کی جنگ آزادی میں ناکامی اور انگریزوں کے معاندانہ اور پر تشدد رویے نے غم وغصے کی زیریں لہروں کو تیز کر دیا۔ لہٰذا اردو صحافیوں نے اس نازک دور میں اپنی ذمے داریوں کو سمجھتے ہوئے ہندستانیوں کی آواز کو ابھارنے کی جدوجہد کی۔ انھوں نے انگریزوں کے ظلم و زیادتیوں کی خبروں کے ساتھ ہندستانی عوام کے سامنے برطانوی حکومت کی صحیح تصویر پیش کی، جس سے ان کے جذبۂ حریت کو مزید تقویت ملی۔“

(بحوالہ: اردو صحافت اور حسرت موہانی، دہلی، ۲۰۱۳ء، ص-۱۰)

یعنی اول تو ہندستان پر غیر ملکی انگریزوں کا تسلط اور دوسرے ہندستانیوں کو غلام بنا کر ان کی آواز کو دبائے رکھنا اور ان پر بے جا تشدد اور روح فرسا مظالم کے واقعات نے ہر ہندستانی کو مجبور کر دیا کہ وہ ظلم کے خلاف صدائے احتجاج بلند کرے اور ہر وہ موثر طریقہ اپنائے جو برطانوی حکومت پر کاری ضرب ثابت ہو۔ چناں چہ اس ضمن میں اردو صحافت نے جو رول ادا کیا اس نے حکم راں قوم کی اینٹ سے اینٹ بجا دی۔ چناں چہ ۱۸۵۷ء سے لے کر ۱۹۴۷ء کے درمیان اردو صحافت نے ملک کی آزادی اور انگریز حکم رانوں کے جبر و ستم سے نجات پانے کے لیے اپنے قلم کے جو جوہر دکھائے اس میں حسرت موہانی بھی اپنا بھرپور حصہ ادا کرنا چاہتے تھے، چناں چہ ڈاکٹر شریف رقم طراز ہیں:

> ”حسرت ہندستان کی جنگ آزادی کے ایسے منفرد مجاہد تھے، جنھوں نے ہر جگہ بے خوف وخطر اور انجام سے بے پروا ہو کر اپنے خیالات کا اظہار کیا...انھوں نے ایک ایسے وقت میں ہندستان کی مکمل آزادی اور ظالم انگریزوں کے ہندستان چھوڑنے کا ریزولوشن پیش کیا جب اس کا تصور محال تھا...اردو کی خوش نصیبی ہے کہ اردو کے کئی ممتاز صحافی جنگ آزادی کے سورما بھی رہے ہیں۔ ان میں مولانا محمد علی جوہر، مولانا ابوالکلام آزاد، مولانا سید فضل الحسن حسرت موہانی کے نام خاص طور پر قابل ذکر ہیں۔ ان تینوں اعلیٰ پائے کے صحافیوں نے صحافت ہی کے ذریعے سے اپنی علمی زندگی کا آغاز کیا۔“

(حوالہ مذکور: ص: ۱۲۴)

اب ہم حسرت کی اردو صحافت کے ضمن میں ان اخبارات و

رسائل کا تذکرہ کریں گے جو حسرت کی ادارت میں شائع ہوتے تھے۔ اور جن سے حسرت نے ہندستان میں قومی شعور بیدار کرنے، عوام میں خود اعتمادی اور حوصلہ پیدا کرنے اور آزادی کی لڑائی کو تیز کرنے کا کام لیا۔ اس میں سب سے پہلے 'اردوئے معلیٰ' کا ذکر آتا ہے، جس سے حسرت کی صحافتی زندگی کا آغاز ہوا۔

'اردوئے معلیٰ' کا شمار بیسویں صدی کے اہم رسائل میں ہوتا ہے اور جس کا اجرا ۱۹۰۳ء میں ہوا۔ یہ حقیقت میں خالص ادبی پرچہ تھا مگر اس میں سیاسی مضامین بھی شائع ہوتے تھے۔ مولانا حسرت موہانی ایک محب وطن مسلمان اور زبردست عالم بھی تھے۔ وہ اردو کے ممتاز شاعر ہونے کے ساتھ ساتھ صحافت کے میدان میں بھی کسی سے پیچھے نہ تھے۔ حسرت موہانی سرسید کے انتقال کے ٹھیک ایک برس بعد ۱۵ مارچ ۱۸۹۹ء کو علی گڑھ میں داخل ہوئے۔ ۱۹۰۱ء میں انٹرمیڈیٹ اور ۱۹۰۳ء میں بی اے کیا۔ علی گڑھ میں جلد ہی ممتاز طلبہ میں ان کا شمار ہونے لگا تھا۔ ایک روایت کے مطابق علی گڑھ کے شعبہ اردو میں سید سجاد حیدر یلدرم کی قائم کردہ انجمن 'اردوئے معلیٰ' کے نام سے وہ بہت متاثر ہوئے۔ وہ انجمن کے خود بھی معتمد طلبہ یونین کے سکریٹری اور فوڈ مونیٹر تھے۔ چوں کہ لفظ 'اردوئے معلیٰ' سے اردو کی فصاحت و بلاغت اور اس کی علویت اور شان و شوکت کا اظہار ہوتا ہے۔ اس لیے حسرت نے اپنے مجلّے کا نام بھی 'اردوئے معلیٰ' رکھنا پسند کیا۔ جس نے بلاشبہ ادب و صحافت اور سیاست و حریت پر اپنا اثر قائم کیے رکھا۔ یہ بھی روایت کی جاتی ہے کہ علی گڑھ کے زمانۂ طالب علمی میں حسرت کا قیام کالج ہاسٹل میں تھا۔ لیکن گریجویشن کرنے کے بعد وہ ہاسٹل چھوڑ کر علی گڑھ شہر چلے گئے اور اپنے مصارف کے لیے وہیں سے صحافتی زندگی کا آغاز کیا۔ انھوں نے رسالہ جاری کرنے کے لیے 'اردوئے معلیٰ' کا ڈکلیریشن داخل کر دیا۔ دل چسپ بات یہ ہے کہ اسی زمانے میں حسرت کو وکٹوریہ کالج گوالیار میں ریاضی اور عربی کے پروفیسر شپ کی پیش کش کی گئی۔ مگر اس درویش صفت صحافت کے دیوانے اور قلندر مزاج شخص نے آسودہ حال اور تعیش پسند ملازمت کی اس پیش کش کو ٹھکرا کر صحافت کی آزاد زندگی کو ترجیح دی اور 'اردوئے معلیٰ' کا پہلا شمارہ جولائی ۱۹۰۳ء میں شائع کیا۔ اس کی ترجیحات میں اخلاق و آداب، زبان دانی، شائستگی اور درستگی مذاق شامل تھے۔ نظم و نثر پر مشتمل اس کے مضامین، سوانحی، تاریخی، علمی، فلسفیانہ، اخلاقی، تمدنی، ادبی، تنقیدی اور مختصر و مکمل افسانوں پر مبنی ہوتے تھے۔ مضامین حد سے زیادہ خشک اور نہ ہلکے بلکہ میانہ رو اور معتدل ہوتے تھے، جو ہر قسم کے مذاق کو گوارا ہو اور نظم و نثر میں طرز قدیم و جدید کا لحاظ کیے بغیر حتی الامکان صحت زبان کا سختی سے لحاظ رکھا جاتا تھا۔

'اردوئے معلیٰ' جولائی ۱۹۰۳ء میں جاری ہوا اور مارچ ۱۹۴۲ء تک جاری رہا۔ اس کی چالیس سالہ زندگی میں کئی انقلابات آئے۔ مئی ۱۹۰۸ء سے ستمبر ۱۹۰۹ء تک یعنی تقریباً ۱۶/۱۷ ماہ اس کی اشاعت منقطع رہی۔ اس کی اشاعت کو چار ادوار میں تقسیم کیا جا سکتا ہے۔

پہلا دور ۱۹۰۳ء سے جولائی ۱۹۰۸ء تک

دوسرا دور ۱۹۱۰ء سے جولائی ۱۹۱۳ء تک

تیسرا دور ۱۹۱۷ء سے ۱۹۲۲ء تک

چوتھا دور ۱۹۲۵ء سے ۱۹۴۲ء تک

حسرت موہانی 'اردوئے معلیٰ' کے ذریعے سے حکومت کا تختہ پلٹ اور سودیشی کا پرچار کر رہے تھے۔ سیاست اور صحافت دونوں میں آزادی کا تصور پیش کرنا کار محال تھا۔ انھوں نے ۱۹۰۸ء سے قبل سیاسی نوعیت کے جو مضامین لکھے، ان میں 'مسلمان اور پالیٹکس' (ستمبر ۱۹۰۶ء)، 'سودیشی تحریک اور بائیکاٹ' (جنوری ۱۹۰۷ء) فریق نرم کی بعض غلط فہمیاں (دو قسطوں میں اگست ۱۹۰۷ء اور ستمبر ۱۹۰۷ء) وغیرہ قابل ذکر ہیں۔

اسی طرح حسرت نے فروری، مارچ ۱۹۰۷ء کے مشترکہ شمارے میں ایم اے او کالج کو نیشنل کالج بنانے کی تجویز پیش کی اور انگریز پرنسپل کی بالادستی سے مدرسۃ العلوم کو چھٹکارا دلانے کی مہم چلائی۔ انھوں نے ۱۹۰۷ء کے شمارے میں کالج کو سرکاری دباؤ سے آزادی دلانے کے لیے نیشنل فنڈ کے نام سے سرمایہ فراہم کرنے کی تجویز رکھی اور اپنی اس خواہش کا اظہار کیا کہ کالج کا مکمل انتظام مسلمانوں کے ہاتھ میں ہونا چاہیے۔

قومی مسائل کے علاوہ مسلم ممالک بالخصوص مصر، حجاز، طرابلس اور بلقان سے متعلق عام دل چسپی کے مضامین جریدے کی زینت بنتے رہے۔ مصر کے سیاسی رہ نما مصطفیٰ کامل کے انتقال پر جنوری ۱۹۰۸ء میں

'اردوئے معلیٰ' کا ایک خاص نمبر بھی شائع ہوا۔ سیاسی نوعیت کی بعض دیگر نگارشات سے قطع نظر، اپریل ۱۹۰۸ء کے 'اردوئے معلیٰ' میں ایک مضمون بعنوان 'مصر میں انگریزوں کی تعلیمی پالیسی' کا شائع ہونا تھا کہ قصر شاہی میں زلزلہ آ گیا۔ ایک روایت کے مطابق یہ مضمون علی گڑھ کے ایک طالب علم اقبال سہیل کا تھا اور دوسری روایت کے مطابق اس کے مصنف فضل امین ساکن پٹیالہ تھے، جو ان دنوں ایم اے او کالج، علی گڑھ میں طلبہ یونین کے صدر رہتے تھے مگر مضمون نگار کے نام کی صراحت کے بغیر اسے 'اردوئے معلیٰ' میں شائع کیا گیا اور اس مضمون کی اشاعت کے بعد ہی حسرت گرفتار کر لیے گئے۔ یہ حسرت کی اعلیٰ ظرفی اور اخلاق کی بلندی تھی کہ انھوں نے مضمون نگار پر کوئی آنچ آنے نہ دیا اور خود اس کی ذمے داری قبول کی۔ چناں چہ ان پر بغاوت کا مقدمہ چلا اور انھیں پانچ سو روپے جرمانہ کی ادائیگی کے ساتھ ایک سال کے لیے نذرِ زنداں کر دیا گیا۔ اس طرح رسالہ وقتی طور پر بند ہو گیا۔ ۱۹ جون ۱۹۰۹ء کو حسرت قید فرنگ سے آزاد ہوئے اور اکتوبر ۱۹۰۹ء سے دوبارہ 'اردوئے معلیٰ' جاری ہوا اور جون ۱۹۱۳ء تک شائع ہوتا رہا۔

دوبارہ 'اردوئے معلیٰ' کے اجرا کے چند سال بعد حسرت نے اپنے کرائے کے مکان کے ایک حصے میں چھوٹا سا چھاپہ خانہ قائم کر لیا اور اسے 'اردو پریس' کا نام دیا۔ اس طرح 'اردوئے معلیٰ' ان کے ذاتی پریس سے شائع ہونے لگا۔ اب حسرت پر یہ افتاد آ پڑی کہ 'پریس ایکٹ ۱۹۱۰ء کی خلاف ورزی پر' انھیں ۱۲ مئی ۱۹۱۳ء کو ضلع مجسٹریٹ کی جانب سے تین ہزار روپے کی ضمانت جمع کرنے کا حکم ہوا مگر نوٹس کی درمیانی مدت میں حسرت نے جون ۱۹۱۳ء کا شمارہ مرتب کر کے شائع کر دیا اور مقررہ وقت گزر جانے کے بعد زر ضمانت کی عدم ادائیگی کے سبب حسرت کا 'اردو پریس' ضبط ہو گیا۔ اس طرح 'اردوئے معلیٰ' کا دوسرا دور اختتام کو پہنچا۔

حسرت کی زندگی ایک مجاہد کی زندگی تھی۔ سیاست اور صحافت کے نشیب و فراز سے گزرتے ہوئے وہ صداقت اور حقیقت کی آواز لگا رہے تھے۔ ایک طرف غربت و افلاس اور دوسری طرف قید فرنگ ان دو چکیوں کے پاٹ میں ہمیشہ پستے رہنا، ان کا مقدر بن گیا تھا مگر حسرت غضب کے آدمی تھے، کبھی اپنے اصولوں سے سمجھوتہ نہ کیا اور ہمیشہ حق پر ڈٹے رہے۔ اپریل ۱۹۱۶ء میں حسرت قانون نظر بندی کے تحت گرفتار کیے گئے اور مئی ۱۹۱۶ء میں شرائط نظر بندی کی حکم عدولی کے الزام میں دو دفعات کے تحت آٹھ آٹھ ماہ قید محض کی سزا ہوئی۔ مئی ۱۹۱۸ء میں قید سے چھٹکارا ملا مگر نظر بندی کا حکم نافذ رہا۔ بالآخر دسمبر ۱۹۱۸ء میں اس سے بھی نجات ملی۔ ۱۹۲۰ء کے اوائل میں حسرت علی گڑھ سے رخصت ہو کر کانپور جا بسے۔ اپریل ۱۹۲۲ء میں تیسری مرتبہ گرفتار ہو کر جیل گئے اور دو سال بعد ۱۹۲۴ء میں رہائی نصیب ہوئی۔ ان آٹھ سالوں کے دوران میں 'اردوئے معلیٰ' متواتر شائع ہونے سے رہا تاہم حسرت کے عزم و حوصلے اور ہمت نے اسے وقفے وقفے سے شائع کر کے اس کی زندگی کا ثبوت فراہم کیا اور کسی صورت 'اردوئے معلیٰ' نے ۱۹۱۷ء سے ۱۹۲۲ء تک اپنا تیسرا دور بھی مکمل کر لیا۔

حسرت موہانی کی زندگی ایک مثلث کے مترادف تھی۔ ایک طرف سیاست، دوسری طرف صحافت اور تیسری طرف اسارت تھی۔ 'اردوئے معلیٰ' کے تیسرے دور کی تکمیل کے بعد جب چوتھے دور میں وہ قدم رکھ رہے تھے کہ اس سے قبل ہی انھیں ۳۰ دسمبر ۱۹۲۱ء کے مسلم لیگ کے صدارتی خطبے کی نسبت زیر دفعہ ۱۲۱ اور ۱۲۴ الف تعزیرات ہند کے تحت تیسری مرتبہ ۱۶ اپریل ۱۹۲۲ء کی شب میں ڈی آئی جی پولس کانپور نے انھیں گرفتار کر کے سابرمتی جیل احمد آباد میں مقید کر دیا۔ اس طرح دو سال تک یہ مرد مجاہد صبر و استقلال کے ساتھ جیل کی اذیتیں برداشت کرنے کے بعد ۱۹۲۴ء میں آزادی کی سانس لے سکا۔ ظاہر بات ہے کہ اس دوران میں 'اردوئے معلیٰ' کا اجرا بند رہا اور جیل سے رہائی کے بعد ۱۹۲۵ء میں حسرت نے کانپور سے ایک بار پھر 'اردوئے معلیٰ' (جنوری-فروری ۱۹۲۵ء کا مشترکہ شمارہ) جاری کیا۔

'اردوئے معلیٰ' کا چوتھا اور آخری دور ۱۹۲۵ء سے شروع ہو کر مارچ ۱۹۴۲ء تک جاری رہا۔ اس طرح دیکھا جائے تو ان چار ادوار میں 'اردوئے معلیٰ' کی کشتی تقریباً چالیس (۴۰) برس کے طویل سفر میں باد مخالف اور موجوں کے تھپیڑوں میں ہچکولے کھاتے ہوئے کام یابی کے ساتھ ساحل سمندر پر جا لگی اور صحافت کے بیش قیمت موتیوں کو سمندر کے کنارے بکھیر دیا، جن کی آب و تاب اور چمک دمک آج بھی باقی ہے۔

'اردوئے معلیٰ' نے جنگ آزادی میں جو کارنامہ انجام دیا اور

انگریزوں کے روح فرسا مظالم کو جس طرح طشت از بام کیا، وہ ناقابل فراموش تاریخی حقیقت ہے۔ سیاسی نقطہ نظر سے اس کا جو معیار اور کردار رہا، وہ ہندستان کی تاریخ میں آب زر سے لکھے جانے کے قابل ہے۔ مگر یہاں اس کے سیاسی پہلوؤں سے قطع نظر اس کے چند خاص اور اہم ادبی خدمات پر روشنی ڈالنا مقصود ہے۔

حسرت نے نئی نسل میں شعر و ادب کا صحیح ذوق پیدا کرنے اور ماضی کے ادبی ورثے کی قدر و قیمت سے انھیں آشنا کرانے کے لیے 'شعرائے قدیم وجدید' کے دواوین کے علاوہ صاحبان ذوق کی بیاضوں کے انتخابات بھی شائع کیے۔ بعد میں یہی انتخاب شعرا کے سلاسل کی بنیاد پر گیارہ جلدوں میں 'انتخاب سخن' کے نام سے منظر عام پر آیا۔ سلاسل کی تقسیم کچھ اس طرح کی گئی تھی۔

انتخاب سخن سلسلۂ شاہ حاتم، سلسلۂ ذوق، سلسلۂ مومن، سلسلۂ مرزا مظہر، سلسلۂ جرأت، سلسلۂ مصحفی، سلسلۂ آتش، سلسلۂ ناسخ اور سلسلۂ غالب وغیرہ۔ اس طرح کل صاحب سلسلہ شعرا کا حال ۱۹۰۳ء سے ۱۹۳۰ء تک 'اردوئے معلیٰ' میں درج ہو چکا ہے، جو اپنی نوعیت کا ایک نہایت وسیع اور منفرد سلسلۂ انتخاب ہے۔

'اردوئے معلیٰ' کی سیاسی اور ادبی خدمات کے ضمن میں قمر الہدیٰ فریدی کی یہ وقیع تحریر ملاحظہ ہو:

> ''اب تک کے مطالعے کی روشنی میں کہا جا سکتا ہے کہ بیسویں صدی کے نصف اول کے رسائل میں 'اردوئے معلیٰ' کئی لحاظ سے ممتاز ہے۔ یہ اپنے مدیر کی شخصیت، ذوق ادب اور شعور فن کا آئینہ دار بھی ہے اور معاصر صورت حال کا عکاس بھی۔ اس نے سیاسی شعور کی بیداری میں حصہ لیا، شعرائے قدیم کے حالات زندگی اور انتخاب کلام کی اشاعت کے ذریعے سے ادبی تحقیق کو فروغ دیا، 'نکات سخن' کے توسط سے نئی نسل کو مشرقی معیار نقد سے روشناس کرایا... اور اس طرح اس نے ماضی اور حال دونوں سے رشتہ استوار رکھا۔ خلاصہ کلام یہ کہ 'اردوئے معلیٰ' کی خدمات کا دائرہ نہایت وسیع ہے اور ہماری قومی صحافت کی تاریخ میں اس رسالے کا کردار ناقابل فراموش ہے۔''

(حسرت موہانی: حیات وخدمات، ص: ۲۸۰-۲۸۱)

حسرت کی صحافتی زندگی کا دائرہ ماہ نامہ 'اردوئے معلیٰ'، سہ ماہی 'تذکرۃ الشعرا' اور اخبار 'مستقل' یعنی تین رسائل کو محیط ہے۔ 'اردوئے معلیٰ' کی بحث ختم کرنے کے بعد اب سہ ماہی 'تذکرہ' زیر بحث ہے۔ جب 'اردوئے معلیٰ' پر افتاد پڑی اور یہ برطانوی حکومت کے جبر واستبداد کی زد میں آ گیا تو حسرت نے ایک سہ ماہی رسالہ بنام 'تذکرۃ الشعرا' بغیر ڈکلیریشن داخل کیے جولائی ۱۹۱۴ء میں علی گڑھ سے جاری کیا۔ ایک روایت کے مطابق یہ کانپور سے جاری ہوا تھا جو حسرت کی نظر بندی کے سبب ۱۹۱۴ء میں بند ہو گیا۔ رہائی کے بعد ۱۹۱۹ء میں اسے دوبارہ جاری کیا گیا لیکن اوائل ۱۹۲۰ء میں حسرت کے کانپور منتقل ہونے پر یہ سہ ماہی مستقل طور پر بند ہو گیا اور ایک دوسری روایت یہ ہے کہ حسرت کے علی گڑھ منتقل ہونے پر یہ ہمیشہ کے لیے بند ہو گیا۔ بہر حال یہاں صرف مقام کا اختلاف ہے مگر اس میں کوئی دو رائے نہیں کہ ۱۹۲۰ء کے اوائل ہی میں سہ ماہی 'تذکرۃ الشعرا' اپنا وجود کھو بیٹھا اور اس طرح دیکھا جائے تو تقریباً ڈھائی تین سال سے زیادہ اس سہ ماہی کی عمر نہ تھی۔ 'تذکرۃ الشعرا' میں شعرا کے تذکرے اور ان کے دواوین کے انتخاب شائع ہوتے تھے۔ حالات کی ناسازگاری کے سبب اس کے صرف سات شمارے نکل سکے جن کی افادیت اور وقعت آج بھی مسلم ہے۔

حسرت نے کانپور منتقل ہونے کے بعد وہاں انھوں نے ایک سودیشی اسٹور قائم کر لیا تھا مگر کانپور کی بات صحیح نہیں ہے جب کہ سودیشی اسٹور کے بارے میں یہ صراحت مذکور ہے کہ اس کا نام ''سودیشی موہانی اسٹور'' تھا۔ اور یہ اسٹور علی گڑھ شہر کے رسل گنج میں قائم کیا گیا تھا اور اس اسٹور کے قائم کرنے میں نواب وقار الملک، مولانا شبلی اور سر فاضل بھائی کریم نے اپنا خلوص اور تعاون حسرت کو پیش کیا تھا۔ ان کی تجارتی سرگرمیوں کو دیکھ کر ہی مولانا شبلی نے حسرت سے کہا تھا کہ: ''تم آدمی ہو یا جن؟ پہلے شاعر تھے پھر پالیٹیشن بنے اور اب بنئے ہو گئے ہو۔''

(بحوالہ حسرت موہانی، خلیق انجم، دہلی ۱۹۹۴ء ص-۱۹۱)

حسرت سودیشی اسٹور قائم کر کے سودیشی کپڑوں کی نہ صرف تجارت کرتے تھے بلکہ انگریز حکمرانوں کے خلاف پورے ملک میں ایک فضا قائم کر کے ان کے ولایتی مالوں کی خریداری میں عدم تعاون

کا احساس بھی عوام میں اجاگر کرنا چاہتے تھے مگر حسرت کے بار بار جیل جانے سے اسٹور کی مالی حالت پر بہت برا اثر پڑا اور حسرت کو مجبوراً ۱۹۲۴ء کے اواخر یا ۱۹۲۵ء کے اوائل میں یہ اسٹور بند کرنا پڑا۔ اس طرح یہ اسٹور تقریباً پانچ سال تک کام یابی سے چلتا رہا۔ اس کے بعد حسرت ایک بار پھر صحافتی زندگی کی طرف مائل ہوئے۔ کیوں کہ صحافت حسرت کی گھٹی میں پڑی ہوئی تھی اور بغیر اس کے انھیں چین کب نصیب تھا۔ بالآخر حسرت نے کانپور سے اکتوبر ۱۹۲۸ء میں ایک روزنامہ بنام 'مستقل' جاری کیا اور مدت اشاعت کے لحاظ سے یہ اخبار تغیر پذیر رہا۔ یہ ۳۰ جنوری ۱۹۲۹ء تک روزانہ اخبار کی صورت میں جاری رہا یعنی مجموعی لحاظ سے یہ تقریباً نو ماہ تک روزانہ اخبار کی حیثیت سے شائع ہوتا رہا۔ بہ قول احمر لاری یہ "۱۹۲۹ء تک روزانہ اور ۱۹۳۰ء، ۱۹۳۱ء اور ۱۹۳۲ء میں دو روزہ، سہ روزہ اور ہفتہ وار نکلتا رہا۔ جنوری ۱۹۳۳ء اور ۱۹۳۲ء میں یہ ماہانہ ہو گیا اور ۱۹۳۶ء سے 'اردوئے معلیٰ' کے ساتھ یہ بہ طور ضمیمہ شائع ہونے لگا۔

(شاہد ماہلی، حسرت موہانی: حیات و خدمات، دہلی، ۲۰۱۳ء ص-۲۷۷)

اخبار 'مستقل' میں مراسلات، اشتہارات، ملکی و غیر ملکی خبروں کے علاوہ اندرونی و بیرونی ملک کی سیاست اور حالات حاضرہ پر مبنی مضامین، مشاہیر ادب کے حالات زندگی، اہم شخصیتوں کے بیانات اور خاص جلسوں کی کاروائیاں شائع ہوتی تھیں، عموماً جن کا ماخذ ملک کے موقر جرائد ہوتے تھے۔ ان کے علاوہ کبھی کبھی کانپور اور دیگر شہروں کے مشاعروں کی روداد اور اس میں پڑھے گئے اشعار کے انتخاب بھی شائع ہوتے تھے۔ نیز اہم تاریخی مضامین وغیرہ بھی اخبار 'مستقل' کی زینت بنتے تھے۔ بقول ڈاکٹر شریف الدین:

> "،مستقل' کلیۃً سیاسی اخبار تھا اور تقریباً گوشہ گم نامی میں ہے اور اس کے شمارے بھی کم یاب ہیں۔ علمی، ادبی اور سیاسی نوعیت کے مشمولات کے علاوہ 'مستقل' کی اہم تحریریں حسرت کے اداریے ہیں، جو اندرون و بیرون ملک کی سیاست اور کوائف زمانہ پر حسرت کی بصیرت، جرأت و بے باکی کے مظہر ہیں۔"

(اردو صحافت اور حسرت موہانی، ص: ۱۵۲)

الغرض حسرت کی صحافتی زندگی کے تین نمونے 'اردوئے معلیٰ'، 'تذکرۃ الشعرا' اور اخبار 'مستقل' ہمارے سامنے ہیں۔ ان تینوں نمونوں میں حسرت کی مجاہدانہ سرگرمیاں سمٹ کر آ گئی ہیں، جس میں سیاست، ادب، تجارت، اخلاق و آداب، تہذیب و تمدن سبھی کچھ جلوہ گر ہیں۔ یہ تینوں نمونے حسرت کی زندگی کے مکمل آئینہ دار ہیں۔ یہ حقیقت ہے کہ حسرت کی علمی، ادبی اور سیاسی زندگی کا آغاز صحافت نگاری سے ہوا۔ انھوں نے زندگی کے مختلف شعبوں میں اپنی کام یابی کا پرچم بلند کیا تھا۔ ان کی صحافت کے لافانی نقوش مٹائے مٹ نہیں سکتے۔ انھوں نے صحافت کو زبان دی، اخلاق و آداب سکھائے، شائستگی کے اصولوں سے ہم کنار کیا۔ شعر و ادب کے نکات سے آشنا کیا اور سب سے بڑھ کر یہ کہ ہندو مسلم اتحاد کے قیام میں اہم رول ادا کر کے ہندستانیوں کو آزادی کے احساس کے ساتھ جینے کا چلن سکھایا اور انھیں عزم و حوصلے، ہمت، صبر، جواں مردی، بے باکی اور حق گوئی کا سبق پڑھایا۔ مصلحت کوشی سے دور، منافقانہ روش سے بے زار، قول و عمل میں یکسانیت، پکا و سچا مسلمان، اخلاص و انسانیت کا پیکر اور محب وطن حسرت کی حسرت بالآخر پوری ہوئی جس نے اپنی سانسوں کا رشتہ آزادیِ وطن سے جوڑ کر ۱۹۵۱ء میں اس فانی دنیا کو خیر باد کہہ دیا۔ خدا مغفرت کرے عجب آزاد مرد تھا۔ ■

ماٰخذ

(۱) ڈاکٹر شریف الدین: اردو صحافت اور حسرت موہانی، ایجوکیشنل پبلشنگ ہاؤس دہلی، ۲۰۱۳ء ص- ۱۵۲، ۱۲۴، ۱۰،

(۲) شاہد ماہلی: مرتبہ حسرت موہانی: حیات و خدمات، غالب انسٹی ٹیوٹ نئی دہلی، ۲۰۱۳ء، ص- ۲۷۷، ۲۸۱، ۲۸۰، ۲۷۔

(۳) لیق انجم: حسرت موہانی، دہلی، مارچ ۱۹۹۴ء ص-۱۹۱

(۴) ڈاکٹر نفیس احمد صدیقی: حسرت موہانی اور انقلاب آزادی، خدا بخش لائبریری پٹنہ، ۱۹۹۸ء

(۵) ایم- حبیب خان: حسرت موہانی- ہندستانی ادب کے معمار، ساہتیہ اکاڈمی، دہلی، ۱۹۸۴ء

(۶) لہ 'نیا دور' اردو صحافت نمبر، لکھنؤ، جون- جولائی ۲۰۱۱ء

یہ اور بات ہے زندہ ہوں میں جدا ہو کے

ڈاکٹر خان محمد رضوان

ایک فن کار کی حیثیت تخلیق کار سے کم ہوتی ہے، وہ اس طور پر کہ فن کار اپنے فنی کمالات کو بروئے کار لا کر جودتِ طبع سے فنون لطیفہ یعنی آرٹ کا مظاہرہ کرتا ہے۔ باوجود اس کے تخلیق اور تخلیق کار جیسے الفاظ کی بے جا تاویل اور لغوی تحلیل کے ذریعے سے پیچیدگی پیدا کی جاتی ہے۔ جب کہ ہر جینون تخلیق کار اپنی فن کارانہ صلاحیتوں سے سراسیمہ کرتا ہے۔ سالک دھامپوری (10 اپریل 1950 دھامپور 11 اپریل 2022 دہلی) نے بھی اپنے افسانوں میں جگہ جگہ اپنی متحیر کن فن کارانہ صلاحیت کا اظہار کیا ہے اور اپنی جودتِ طبع سے تخلیقی انفرادیت کا احساس دلایا ہے۔ مجھے اس بات کا احساس جا بجا ہوا کہ ان کا فن مستعار نہیں ہے بلکہ ان کا فن ان کی فکر، مطالعہ، مشاہدہ اور باطن کی سراسیمگی کے نتیجے میں وجود میں آیا ہے۔ ان کی تقریباً تمام کہانیاں ایک خاص کیفیت سے عبارت ہیں۔ بدلتے ہوئے حالات اور اس سے پیدا ہونے والے پراگندہ ماحول کی وجہ سے معاشرہ اور معاشرت کا مفہوم کچھ اور ہو گیا ہے، تہذیب و تمدن کی جگہ عریانی، بے حیائی اور فحاشی نے لے لی ہے۔ مگر سالک دھامپوری کے گزر جانے کے بعد بھی ان جیسے اقداری اور تہذیب پرور لوگ ابھی باقی ہیں جو اپنی ختم ہوتی تہذیب اور تمدن کو واپس لانا چاہتے ہیں۔ اسی اضطراب اور شوریدہ سری کا نتیجہ ہے کہ تعمیر پسند تخلیق کار اپنی تخلیقات کے ذریعے سے نسل نو کو بدلتے حالات کے برے اور بے حیا اثرات سے محفوظ رکھنا چاہتے ہیں اور سماج کے جرنیلوں کو آگاہ کرنا چاہتے ہیں کہ وہ اب بھی ہوش مندی سے کام لیں۔ سچ تو یہ ہے کہ ہم نے نہ صرف اپنے سماج کو بے لگام چھوڑ دیا ہے بلکہ اپنے گھروں کو بھی لاوارث کر دیا ہے۔ ایسے میں کسی کو اگر ہمارے سماج اور ہمارے گھر کی فکر ہے تو اس کی اس فکر اور اس سوچ کی قدر کرنی چاہیے۔ یہ لوگ ہمارے معاشرے کے پیامبر ہیں۔ مگر کسی شاعر نے سچ ہی کہا ہے:

پیامبر تری باتوں میں کب ہم آتے ہیں
وہاں ضرور گیا اور تو ضرور آیا

سالک دھامپوری کی کہانیاں بدلتے ہوئے حالات کی عکاس ہیں۔ بکھرتے سماج کی ترجمان اور مٹتی تہذیب و کلچر کی منادی ہیں۔ یہ وہ آئینہ تمثال ہے جو سماج کو وقت سے پہلے متنبہ کرنے اور مستقبل کی فکر کرنے پر آمادہ کرتا ہے۔ میں یہاں چند کہانیوں کے کچھ اقتباسات پیش کرتا ہوں تا کہ یہ اندازہ ہو سکے کہ کہانی کار نے کس ہنرمندی، چابک دستی اور فن کارانہ طریقے سے سماجی برائیوں اور پھیلتی معاشرتی بے آبروئی کا اظہار کیا ہے:

> "اجی میں کہتا ہوں اس طرح ہمارے معصوم بچے بگڑ جائیں گے۔ کیا اس کے خراب چال چلن کا ان پر برا اثر نہ پڑے گا؟..."
>
> پیر بخش نے اپنا خیال پیش کیا:
>
> "میں تو کہتا ہوں مرزا صاحب آپ کل ہی اس آوارہ بدمعاش سے سب کچھ صاف صاف کہہ دیجیے یہ محلّہ شرابیوں اور جواریوں کا محلہ نہیں ہے۔ یہاں شریف لوگ رہتے ہیں!
>
> کلوا نے بھی پیر بخش کی پرزور تائید کی۔"

ایک کہانی جس کا عنوان 'بھابھی' ہے۔ یہ کہانی اس اعتبار سے اہم اور اصلاح معاشرہ کا آئینہ دار ہے کہ اس میں انھوں نے سماجی نفسیات کے پیش نظر ایک ایسی برائی کا پردہ فاش کیا ہے جو تقریباً ہر گھر میں پنپ رہی ہوتی ہے۔

اس کہانی میں بڑی خوش اسلوبی کے ساتھ یہ بتانے کی سعی کی گئی ہے کہ اسلامی نظام ہی دنیا کا سب سے اچھا اور مثالی نظام ہے۔ جس

نظام پر کاربند ہو کر ہم اپنے آپ کو سر اٹھاتی برائیوں سے محفوظ رکھ سکتے ہیں اور اپنے گھر کو بھی بچا سکتے ہیں، کیوں کہ آج کل گھروں میں افراد خانہ سے پردے کا چلن اس طرح غائب ہو گیا ہے جیسے گدھے کے سر سے سینگ، جس کے سبب کم عمر بچوں کی ذہنی کیفیت بدل رہی ہے۔ وہ بچپن ہی سے برائی کی طرف مائل ہو رہے ہیں۔ ہمارے گھروں سے محرم اور غیر محرم کی حدیں ختم ہو گئی ہیں، جس کی وجہ سے برائیاں بڑی تیزی سے گھروں کو خراب کر رہی ہیں۔ ہماری نئی نسل اس طرح ذہنی دیوالیہ پن کا شکار ہو چکی ہے کہ بھائی بہن اور دیور بھابھی حد ادب کو کھوتے جا رہے ہیں، جس کے نتیجے میں برائیوں کا غیر مختتم سیلاب ہمارے معاشرے کو تباہ کر رہا ہے۔ اس حوالے سے مختصر پیراگراف دیکھیے:

> ''ساجد جوان تھا، پھر گھر والوں کو اس کی شادی کی فکر کیوں نہ ہوتی۔ اس کی شادی کی بات ہونے لگی۔ ساجد کی شادی ہو اور اسے خبر نہ ہو، یہ کیسے ہوتا! اس کے سامنے کئی رشتے آئے، وہ ہر رشتے کو ٹھکراتا رہا۔ کیوں کہ اس کے دل میں، اس کی نظروں میں صرف ایک ہی چہرہ تھا، وہی چہرہ جسے وہ بہت چاہتا تھا۔ جسے وہ دل و جان سے پیار کرتا تھا، وہ تھی شبنم! جو اس کے دل کی ملکہ تھی، جو اس کے حسین خوابوں کی شہزادی تھی! لیکن وہ زبان سے کچھ نہ کہتا تھا، لیکن اب اسے زبان کھولنی پڑی کیوں کہ اب اس کی قسمت کا فیصلہ ہونے والا تھا۔''

آخر اس نے ایک دن اپنے ماں باپ سے صاف صاف کہہ دیا:

> ''میں شبنم کے سوا کسی اور سے شادی نہیں کروں گا۔ کیوں کہ میں اسے پیار کرتا ہوں اور وہ بھی مجھ کو چاہتی ہے۔ گھر کی عزت گھر ہی میں رہے تو کیا برائی ہے۔''
>
> اس کے والد کے پاؤں تلے سے جیسے زمین نکل گئی، انھیں حیرت اس بات پر نہیں تھی کہ ساجد اپنی بھابھی کو پیار کرتا ہے، حیرت اس بات پر تھی کہ شبنم بھی اسے پیار کرتی ہے! گھر کی بہو دیور سے محبت کرے اور انھیں معلوم نہ ہو؟ گھر میں گناہ کے بیج بوئے جا رہے ہوں اور وہ بے خبر ہوں!...
>
> شبنم کو جب اس بات کا علم ہوا تو وہ سکتہ میں آ گئی۔ اس کی آنکھوں سے بے اختیار آنسو نکل پڑے۔ وہ پھوٹ پھوٹ کر رونے لگی۔ اسے اپنے مرحوم شوہر کی یاد آنے لگی۔ وہ سوچ بھی نہیں سکتی تھی کہ ساجد اس کے بارے میں ایسا خیال رکھتا ہے... لیکن ساجد کی اس گندی سوچ اور اوچھی حرکت کے بعد اب اسے ساجد سے نفرت ہو گئی، شدید نفرت!... اور جب شام ڈھلے ساجد اپنی کام یابی کی خوشی میں مگن اپنی محبوبہ کو خوش خبری سنانے آیا تو غصے میں بھری شبنم نے اس کے رخسار پر اتنی زور کا طمانچہ مارا کہ اس کے ہوش اڑ گئے۔ شبنم پھوٹ پھوٹ کر رونے لگی۔''

یہ کہانی حقیقت پر مبنی ہے۔ اس میں ایک ایسی غیر مرئی برائی کا انکشاف کیا گیا ہے جس کا علم بہت کم عورتوں کو ہوگا بلکہ اس کا احساس تک بھی نہ ہوگا۔ مگر وہ لوگ جو اصلاح معاشرہ کی فکر رکھتے ہیں، جو سماج کی نبض جانتے ہیں۔ جنھیں سماج اور معاشرے کی نفسیات کا علم ہے، وہ اس لعنت سے معاشرے کو پاک کرنے کے خواہاں ہیں۔ اسی طرح اس مجموعے کی تقریباً تمام کہانیوں میں انھوں نے اپنے سماجی اور معاشرتی مطالعے کا گہرا عکس ثبت کیا ہے۔ سالک دھامپوری کی کہانی کی سب سے اہم خصوصیت یہ ہے کہ ان کی کہانیاں بے نتیجہ نہیں ہوتی ہیں۔ تقریباً کہانیاں اپنے اختتام پر ایک پیغام دیتی ہیں۔ حقیقت یہ ہے کہ سالک دھامپوری عمر بھر وہی کام کرتے رہے جو برسوں سے معاشرے کے خیر خواہ حضرات انفرادی اور اجتماعی طور پر انجام دیتے رہے ہیں۔ وہ اپنے اس مستحسن اور مبارک کام میں بعض محاذوں پر کام یاب بھی ہوئے ہیں۔ ان کی کام یابی کی سب سے بڑی وجہ یہ ہے کہ وہ اس کار خیر کو بے لوث اور بے غرض کرتے رہے ہیں اور جب کوئی بندۂ خدا خدا کا پیغام لے کر اٹھتا ہے تب اللہ تعالیٰ اس کی نیت کے عوض میں اسے کام یاب کرتا ہے۔ انھوں نے اپنے اس مشن کو بامقصد بنایا اور کوشش کی کہ مقصد مشن پر حاوی رہے اور اس بات کی بھی شعوری کوشش کی ہے کہ مقصد فن پر حاوی نہ ہو ورنہ بیشتر ایسا ہوتا ہے کہ جب فن پر مقصد حاوی ہو جاتا ہے، تب فن کی صحت مجروح ہو جاتی ہے۔ بسا اوقات فن اور مقصد دونوں میں تکدر پیدا ہو جاتا ہے۔ مگر انھوں نے اس بات کا خاص خیال رکھا ہے کہ فن کی صحت کہیں بھی مجروح نہ ہونے پائے۔ ان کی سبھی کہانیاں فن کارانہ جوہر کی

تابندہ مثال ہیں۔ انھوں نے بڑی خوب صورتی اور ہنرمندی کے ساتھ کہانی کا تانابانا بنا ہے اور کہانی کو کہانی پن سے خالی نہیں ہونے دیا۔ ان کی کہانیوں کی یہ وہ خصوصیات ہیں جو داد ہنر کی مستحق ہیں۔ میں نے یہاں سالک دھامپوری کے صرف دو افسانوں کے مختصر اقتباس پر اپنی بات سمیٹنے کی کوشش کی ہے تا کہ قارئین کو اس سے ایک سمت اور روشنی مل سکے جس کی روشنی میں وہ یہ طے کرسکیں کہ ان کی باقی کہانیاں کس مزاج اور کس انداز کی ہیں۔ ■

فنِ تدوین متن میں مولانا امتیاز علی عرشی کا امتیاز

عبدالباری قاسمی

تحقیق و تدوین متن کے حوالے سے رامپور کو بھی خاص شناخت و امتیاز حاصل ہے اور اس کا محور ایک تو رضا لائبریری رامپور ہے، جو ہزاروں قیمتی مخطوطات و مطبوعات کا مخزن ہے اور جہاں سے بہت سے محققین کے ذریعے سے مرتبہ متون کی اشاعت کا اہتمام کیا گیا ہے، دوسرے مولانا امتیاز علی خاں عرشی ہیں، جو عموماً تحقیق اور تدوین متن کو تمام فنی تقاضوں اور عصری مطلوبات کے مطابق برتنے کے حوالے سے نمبر ایک پر ہیں، اس معاملے میں شیرانی و قاضی عبدالودود بھی ان کے برابر نہیں ہیں۔

رضا لائبریری جس کی موجودہ عمارت کی تعمیر 1902-1905 کے درمیان ہوئی تھی، آزادی کے بعد سے حکومت اتر پردیش کے زیر انتظام ہے، لیکن رامپور کے نواب خاندان سے اس کا گہرا تعلق رہا ہے۔ اس کا ابتدائی نقش نواب فیض اللہ خان نے 1774 میں قائم کیا تھا، پھر یکے بعد دیگرے نوابانِ رامپور اس کے کتب خانے کی سرپرستی کرتے رہے اور اپنے ذوق و دل چسپی کے مطابق اس میں مختلف علوم وفنون کی نادر و نایاب اور متداول کتابوں کا ذخیرہ اکٹھا کرتے رہے۔ اس میں ابتداً رام پور کے نوابوں کی ذاتی کتابوں کا ذخیرہ ہی رکھا گیا تھا، جو فنون لطیفہ کے سرپرست اور کتابوں اور مخطوطات کو جمع کرنے کے شوقین تھے۔ دو سو سال کے طویل عرصے میں یہ لائبریری نایاب کتابوں اور مخطوطات کے سب سے بڑے ذخیروں میں سے ایک بن گئی ہے۔ اس میں سترہ ہزار مخطوطات کا نہایت قیمتی ذخیرہ ہے، تقریباً 83 ہزار مطبوعہ کتابوں کے علاوہ البمز میں پانچ ہزار چھوٹے نقشے اور خطاطی کے 3000 نمونے یہاں موجود ہیں۔ عربی، فارسی، اردو، ہندی اور دیگر زبانوں میں بہت سی نادر اور قیمتی تحریریں یہاں موجود ہیں۔

امتیاز علی خاں عرشی 1932 میں اس لائبریری کے ناظم بنائے گئے، جس سے انھیں اپنے تحقیقی ذوق کی سیرابی میں خاصی مدد ملی اور انھوں نے لائبریری میں موجود متعدد اہم قدیم متون کو مرتب کر کے شائع کروایا۔ پہلے سے اس کی شہرت و مقبولیت تھی ہی، مگر ان کے دور میں اسے چار چاند لگ گئے۔ عرشی صاحب نے جن متون کو مرتب کیا وہ حسب ذیل ہیں:

1937 میں مولانا عرشی نے 'مکاتیبِ غالب' غیر معمولی محنت و دقت نظری کے ساتھ مرتب کیے اور شروع میں غالب کی شخصیت، شاعری، ان کے خصائل و عادات، ان کی مکتوب نگاری اور رام پور ریاست سے ان کے تعلقات اور ان کے خطوط کی اشاعت وطباعت کے جملہ پہلوؤں پر بڑا وقیع، معلومات افزا اور پرمغز مقدمہ تحریر کیا، جو کتاب کے کم و بیش 170 صفحات پر پھیلا ہوا ہے۔ ان کے مدونہ اس مجموعۂ مکاتیب کی اشاعت مطبع قیمۂ بمبئی سے عمل میں آئی تھی۔

دستور الفصاحت: یہ احمد علی خان یکتا کی فارسی زبان میں تصنیف ہے، جو اردو صرف ونحو، معانی، بیان، بدیع، عروض اور قافیے کے قواعد وضوابط پر مشتمل ہے۔ 1939 میں جب کتب خانہ رام پور کے لیے اس کتاب کی خریداری ہوئی اور عرشی صاحب کے مطالعے میں یہ کتاب آئی تو معلوم ہوا کہ اس کی تالیف تو انشا کی 'دریائے لطافت' سے بھی پہلے شروع ہو گئی تھی، مگر عرصۂ دراز تک اس کی اشاعت ممکن نہ ہو سکی اور بالآخر بیسویں صدی میں یہ منظر عام پر آئی۔ اس کتاب میں قواعد کے علاوہ اردو کی ابتدا و ارتقا کی ابتدائی تاریخ پر بھی روشنی ڈالی گئی اور خاتمے کے مباحث شعرا کے بارے میں متعدد دل چسپ اور اہم بیانوں اور نکات پر مشتمل ہیں۔ مگر اصل نسخے میں کتابت کی بہت سی

غلطیاں رہ گئی تھیں، جن کی عرشی صاحب نے تصحیح کی، متن میں جا بجا الفاظ رہ گئے تھے، انھیں پورا کیا، جہاں کوئی لفظ بڑھایا گیا ہے، نشان دہی کے لیے اسے بریکٹ میں رکھا گیا ہے، تحشیے کا بھی اہتمام کیا گیا ہے۔ عرشی صاحب کا یہ تصحیح کردہ نسخہ ہندستان پریس رام پور سے 1943 میں طبع ہوا تھا۔

انتخاب غالب: اس کی اشاعت 1943 میں مطبع قیمہ بمبئ سے ہوئی۔ یہ غالب کے اردو و فارسی کلام کا وہ انتخاب ہے، جو انھوں نے 1866 میں نواب کلب علی خاں کی فرمائش پر ان کی خدمت میں ارسال کیا تھا، جس میں سے فارسی کلام کو تو دواوین میں شامل کر دیا گیا، جب کہ اردو کلام کو ناقابل التفات سمجھتے ہوئے کتاب خانے کے ردی گھر میں ڈال دیا گیا تھا۔ مدت دراز تک گوشہ گم نامی میں پڑے رہنے کے بعد مولانا امتیاز علی عرشی نے اس اردو کلام کو رام پور رضا لائبریری سے دریافت کیا جو اس وقت بہت بوسیدہ حالت میں تھا، جگہ جگہ اس کے الفاظ حذف ہو چکے تھے۔ عرشی نے اس کتاب کی تصحیح کے لیے 'مکاتیب غالب' کو اپنا ماخذ بنایا اور غالب کے دوسرے نسخوں کے ساتھ مقابلہ کرنے کے بعد اپنی وسعتِ معلومات، دقت نظری اور تحقیق کے ذریعے سے اس نتیجے پر پہنچے کہ اس نسخے میں بہت سی غلطیاں راہ پا گئی ہیں اور غالب کی تصحیح کے بعد بھی اغلاط سے پُر ہے۔ شروع میں 16 صفحات پر مشتمل پرمغز اور معلومات افزا مقدمہ تحریر کیا، جس میں غالب کی فارسی دانی و فارسی شعر گوئی کے علاوہ ان کے اس اردو کلام کے مخطوطہ 'انتخاب کے صفحات، سطر وغیرہ کی تفصیلات بھی عرشی صاحب نے درج کی ہیں۔

نادراتِ شاہی: یہ مغل بادشاہ ابو المظفر جلال الدین شاہ عالم ثانی کے اردو، فارسی اور ہندی کلام کا مجموعہ ہے جو پہلی بار 1797 میں بادشاہ کے حکم سے مرتب کیا گیا تھا، اس کا ایک نسخہ رضا لائبریری میں محفوظ تھا جسے عرشی صاحب نے اپنے مفصل دیباچے کے ساتھ مرتب کیا اور ہندستان پریس رام پور سے 1944 میں اس کی اشاعت عمل میں آئی۔ اس کتاب کی ایک خاص بات یہ ہے کہ اس میں غزلیں اور اشعار نستعلیق اور دیوناگری دونوں رسم الخط میں لکھے گئے ہیں۔ ہندی ادب اور اردو ہندی ادب و شاعری کی تفہیم و تنازعے کے سد باب کے سلسلے میں یہ کتاب اہمیت کی حامل سمجھی جانی چاہیے۔ اس کے آخر میں عرشی صاحب نے ہندی اور اردو الفاظ کے درمیان اختلاف کی وضاحت اور اشاریہ بھی دینے کا اہتمام کیا ہے۔

سلک گوہر: یہ انشاء اللہ خان انشا دہلوی کی لکھی ہوئی مختصر کہانی ہے، جو غیر منقوط صنعت میں لکھی گئی ہے۔ عرشی صاحب نے اسے بھی رضا لائبریری میں موجود نسخہ وحید کی مدد سے مرتب کر کے سٹیٹ پریس ریاست رام پور سے 1948 میں شائع کروایا۔ عرشی صاحب نے حسب ضرورت متن کی تصحیح بھی کی ہے اور شروع میں دیباچہ بھی تحریر کیا ہے، جس میں انشا کی دل چسپ شخصیت، ان کی ہمہ جہت صلاحیتوں کے بیان کے ساتھ ان کی مختلف تصانیف کا مختصر تعارف بھی پیش کیا گیا ہے۔

1958 میں عرشی صاحب کے مرتبہ 'دیوان غالب' (نسخہ عرشی) کو انجمن ترقی اردو ہند نے اپنے زیر اہتمام ہندستان پریس رام پور سے شائع کیا۔ یہ بھی عرشی صاحب کا غیر معمولی اور تاریخ ساز کارنامہ ہے، اس سے پہلے مختلف لوگوں کے مرتب کردہ دیوان غالب کے متعدد ایڈیشنز منظر عام پر آ چکے تھے، مگر عرشی صاحب کی یہ کاوش سب سے منفرد ہے کہ انھوں نے اس نسخے میں غالب کے تمام مروجہ اردو کلام کو تاریخی ترتیب کے ساتھ پیش کیا ہے۔ اس نسخے کی بنیاد 1857 کے اُس نسخے پر رکھی گئی ہے، جو غالب نے اپنے ہاتھ سے مرتب کر کے اپنے شاگرد نواب یوسف علی خاں ناظم کی فرمائش پر انھیں ارسال کیا تھا، یہ نسخہ مولانا عرشی کو رام پور رضا لائبریری میں محفوظ ملا، جس کے بعد انھوں نے سب سے پہلے غالب کے تمام مطبوعہ و غیر مطبوعہ کلام کو یکجا کیا اور ایک دوسرے کا مقابلہ کرنے کے بعد مختلف مصادر سے ان کا استخراج کیا، نیز اس نسخے کو تدوین متن، ترتیب و تصحیح کے اصولوں کے مطابق مرتب کیا اور غالب اور ان کی شاعری سے متعلق تمام معلومات اور حذف و ترمیم کی معلومات، اسی طرح دیوان غالب کے دیگر دستیاب نسخوں کی

نوعیت وکیفیت وغیرہ کی ساری تفصیل اپنے 120 صفحوں کے دیباچے میں تحریر کی، حواشی کے علاوہ آخر میں اشخاص ومقامات وغیرہ کا اشاریہ بھی دیا گیا ہے۔ اس طرح یہ نسخہ ایک غیر معمولی دستاویزی اور حوالہ جاتی حیثیت رکھتا ہے۔ اس کی تدوین میں ان کی بے پناہ کد وکاوش کا اعتراف حکومتی سطح پر بھی کیا گیا اور 1961 میں اس پر انھیں ساہتیہ اکادمی ایوارڈ سے نوازا گیا۔

سبد باغ دودر: یہ غالب کی فارسی تالیف ہے جسے عرشی صاحب نے اپنے تعارف، تلخیص و حواشی کے ساتھ مرتب کیا ہے۔ اس کی اشاعت انجمن ترقی اردو کراچی سے 1969 میں عمل میں آئی۔

تاریخ محمدی: یہ میرزا محمد بن رستم دہلوی کی تصنیف ہے، ایک اہم تاریخی تذکرہ ہے جس میں ہجری سال کے آغاز سے 1161 ہجری (1748 عیسوی) تک کے کئی ہزار اہم اور غیر معروف اشخاص کی وفات اور بعض تاریخی، ادبی و سماجی امور کا تذکرہ ہے۔ پوری کتاب فارسی میں ہے، اس کی جلد دوم کے چھٹے حصے کو عرشی صاحب نے تصحیح و تحشیے کے ساتھ مرتب کیا جو علی گڑھ مسلم یونی ورسٹی کے شعبۂ تاریخ سے شائع ہوا تھا۔ اس حصے میں مصنف نے اپنے معاصر یعنی بارہویں صدی ہجری کے اہل علم، وزرا، امرا اور ان کے متعلقین کی وفیات کا سال بہ سال تذکرہ کیا ہے۔ متن کے صفحات 144 ہیں، جس پر عرشی صاحب نے ستاسی صفحے کی تعلیقات کا اضافہ کیا ہے۔ یہ کام کتاب کے اس نسخے پر مبنی ہے جو رضا لائبریری میں موجود ہے اور بقول عرشی صاحب یہ خود مصنف کا لکھا ہوا ہے۔ یہ کتاب جہاں مصنف کی دقت نظری اور اعلیٰ علمی صلاحیتوں کی مظہر ہے وہیں عرشی صاحب کے تبحر علمی، وسیع مطالعہ اور محققانہ جد وجہد کا بین ثبوت بھی ہے۔

ان کارناموں کی وجہ سے عرشی صاحب کی تحقیقی و تدوینی سربرآوردگی کو ان کے تمام بڑے معاصرین نے بھی تسلیم کیا اور ان کی غیر معمولی تحقیقی و تدوینی بصیرت کی دل کھول کر داد دی ہیں۔ چناں چہ رشید حسن خاں ان کے تدوینی کاموں کی وقعت و استناد کے حوالے سے لکھتے ہیں:

> ''اردو میں جس طرح ادبی تحقیق کے روایت ساز شیرانی صاحب ہیں اسی طرح تدوین کی روایت اپنی معیاری اور مثالی شکل میں مولانا امتیاز علی خاں عرشی کی مرہون ہے۔ عرشی صاحب نے جو کام کیے، ان کاموں نے تدوین کے اصولوں اور طریق کار کو روشناس کرایا۔ ان کی مرتبہ کتابوں میں 'مکاتیب غالب'، 'دستور الفصاحت'، 'تاریخ محمدی' اور 'دیوان غالب'، یہ کتابیں معیاری اور مثالی حیثیت رکھتی ہیں۔ ان کتابوں نے اردو میں تدوین کی روایت کی تشکیل کی، اسے نشو ونما بخشا اور قدیم متنوں کی تصحیح و ترتیب کے جو طریقہ کار ہو سکتے ہیں ان کو روشناس کرایا۔ خاص کر 'دیوان غالب' کہ اس سے شعری متون مرتب کرنے کی مثالی روایت کا آغاز ہوتا ہے اور 'دستور الفصاحت' سے معلوم ہوتا ہے کہ تذکروں کے مقدمے میں کن مباحث کو شامل ہونا چاہیے۔'' (1)

خلیق انجم نے اپنے ایک مضمون میں عرشی صاحب کے مرتبہ متون کا تعارفی جائزہ پیش کرتے ہوئے لکھا ہے کہ وہ پہلے ایسے متنی نقاد ہیں جنھوں نے سائنٹفک طریقے سے قدیم متون کی تدوین کی طرح ڈالی۔ آخر میں وہ لکھتے ہیں:

> ''عرشی صاحب نے جس متن کا بھی تنقیدی ایڈیشن تیار کیا ہے، وہ محمود شیرانی مرحوم اور قاضی عبدالودود کے مرتب کیے ہوئے تنقیدی اڈیشنوں سے بہت بہتر ہے۔'' (2) ■

(1) تحقیق، تدوین، روایت، ص: 179

(2) خلیق انجم: مولانا عرشی، اردو کے پہلے متنی نقاد، مشمولہ: مولانا امتیازی علی عرشی: ادبی و تحقیقی کارنامے، مرتب: پروفیسر نذیر احمد، ص: 147، ط: غالب انسٹی ٹیوٹ، دہلی دسمبر 1991

منشی دیبی پرشاد بشاش کا تذکرہ 'آثار الشعرائے ہنود'

مسرت پروین

منشی دیبی پرشاد بشاش اردو ادب کی ایک اہم شخصیت ہیں۔ آپ کو کثرت تاریخ نویسی کے سبب 'مورخ راجستھان' بھی کہا جاتا ہے۔ آپ نے درجنوں کتابیں تصنیف کیں، جن کی فہرست آگے آرہی ہے۔

'خم خانۂ جاوید' میں لالہ سری رام نے منشی دیبی پرشاد کے تعلق سے یوں لکھا ہے:

"منشی دیبی پرشاد خلف منشی نتھن لال بہجت قوم کایستھ۔ ان کے بزرگ شہر بھوپال کے رہنے والے تھے۔ یہ خود عرصے سے اجمیر میں سکونت پذیر ہیں۔ اردو انشا پردازی اور تصنیف و تالیف، کتب جغرافیہ اور تاریخ کا زیادہ تر شغل رہتا ہے۔ اوائل عمر میں صاحبزادگان ٹونک کی سرکار میں ملازم رہے۔ اس کے بعد ریاست جودھپور میں ملازم رہے۔ 'لطائف ہندی'، 'افسانہ خرد افروز'، 'گلدستہ ادب'، 'وقائع راجپوتانہ'، 'احکام نوشیرواں'، 'تاریخ تزک ہند' اور 'تذکرہ شعرائے ہنود' ان کی یادگار ہیں۔ اس وقت آپ کی عمر ساٹھ کے قریب ہے اور ریاست میں منصفی کے عہدے پر ممتاز ہیں۔"(۱)

نواب ابراہیم علی خاں کے نواب ہو جانے پر ایک مرتبہ پھر صاحبزادہ عبد الکریم خاں ٹونک گئے تو بشاش بھی ان کے ساتھ وہاں گئے۔ مگر سیاسی حالات کے سبب زیادہ دن نہ رک سکے۔ اسی دوران میں عبد الکریم خاں کا انتقال ہو گیا۔ بشاش واپس اپنے والد کے پاس اجمیر آ گئے جو ان دنوں درگاہ خواجہ غریب نواز میں ملازم تھے۔ کچھ عرصہ وہاں رہے۔ پھر اپنے دیگر رشتے داروں کے پاس جودھپور چلے گئے۔ جہاں انھیں بڑے عہدوں پر فائز ہونے کا موقع ملا۔ آخری عمر میں محکمہ آثار قدیمہ میں اسسٹنٹ سپرنٹنڈنٹ کی ملازمت مل گئی۔ جولائی ۱۹۲۳ میں جودھپور ہی میں آخری سانس لی۔

'تاریخ ادب اردو راجستھان' میں ڈاکٹر شاہد جمالی نے لکھا ہے:

"آپ کثیر التصانیف مورخ ہیں۔ ۱۸۷۲ میں بشاش نے اپنی پہلی کتاب 'میزان عدالت' کے نام سے تصنیف کی۔ اس کا موضوع حاکمانِ وقت کے تاریخی فیصلوں پر مبنی تھا۔ بشاش کی آخری کتاب 'لطائف ہندی' تھی، جو ۱۹۲۲ء میں شائع ہوئی۔ منشی دیبی پرشاد راجپوتانہ کے واحد ایسے مصنف ہیں، جن کو کئی کتابوں پر انعامات سے نوازا گیا۔ یہاں تک کہ ایشیاٹک سوسائٹی لندن نے بھی ان کو نوازا۔ آپ کو 'مورخ راجستھان' کے لقب سے پکارا جاتا ہے۔ راجستھان کی اردو نثر میں آپ کا اہم مقام ہے۔"(۲)

'تذکرہ شعرائے ہنود' ستمبر ۱۸۸۵ء میں مطبع رضوی، دہلی سے شائع ہوا تھا۔ راجستھان میں شعرا پر لکھے گئے تذکروں میں اس تذکرے کو اولیت حاصل ہے۔ ڈاکٹر رئیس احمد لکھتے ہیں:

"راجستھان میں اردو تذکرہ نگاری کا آغاز باقاعدہ طور

پر انیسویں صدی کے ربع آخر میں ہوا۔ جب منشی دیبی پرشاد نے 'تذکرہ آثار الشعرائے ہنود' رضوی پریس دہلی سے ۱۸۸۵ میں طبع کرایا۔ فاضل تذکرہ نگار کے بقول یہ تذکرہ 'شعرائے ہنود' کا دوسرا حصہ ہے۔ پہلا حصہ 'معیار الشعرائے ہنود' ہے، جس میں غیر مسلم فارسی شعرا کو شامل کیا گیا ہے۔" (۳)

ویسے تو دیبی پرشاد کی کتابوں کی تعداد تین درجن سے زائد ہے لیکن یہاں منشی دیبی پرشاد کی کتابوں کی فہرست سے قطع نظر ان کے تذکرے 'آثار الشعرائے ہنود' پر گفتگو کرنا چاہوں گی۔

تذکرہ آثار الشعرائے ہنود (اردو) (۱۸۸۵) اسے راجستھان کا پہلا تذکرہ مانا جاتا ہے۔ منشی دیبی پرشاد بشاش اس کے مصنف ہیں۔ دو سو آٹھ صفحات کے اس تذکرے میں پانچ سو چوبیس شعرا کا ذکر ہے اور ضمیمہ جو آخر میں شامل کیا گیا ہے، اس میں ایک سو چونتیس شعرا کا بیان ہے۔ اس طرح شعرا کی کل تعداد ۶۵۸ ہوتی ہے اور جب یہ تذکرہ پریس میں تھا تب تک تین شعرا کا کلام اور شامل کیا گیا، جن کا ذکر تذکرے کی بالکل آخر سطور میں درج ہے۔ اس طرح کل تعداد ۶۶۱ ہوتی ہے۔ ان شعرا میں راجستھان کے صرف ۱۴ شعرا شامل ہیں جیسا کہ نام سے ظاہر ہے۔ یہ تذکرہ ملک کے ہندو شعرا کے حالات اور نمونہ کلام پر مشتمل ہے۔ یہ تذکرہ ستمبر ۱۸۸۵ میں مطبع رضوی، دہلی سے شائع ہوا۔ تذکرے کے ہر صفحے کے اوپر حصہ دوم لکھا ہوا ہے۔ جس سے یہ ظاہر ہوتا ہے کہ اردو کے ہندو شعرا کا یہ دوسرا حصہ ہے۔ لیکن اصل میں پہلا حصہ فارسی ہندو شعرا کا 'معیار الشعرائے ہنود' کے نام سے تھا، جسے دیبی پرشاد نے مرتب کیا تھا۔ یہ ابھی تک ثابت نہیں ہو سکا ہے کہ آیا اس کی طباعت بھی ہوئی تھی یا نہیں۔

اس وقت تک کسی بھی کتب خانے میں 'معیار الشعرائے ہنود' کا کوئی نسخہ نظر نہیں آیا ہے۔ اس سے یہ شک ہوتا ہے کہ شاید یہ تذکرہ شائع ہوا ہی نہیں۔ منشی دیبی پرشاد زیر نظر تذکرے کو 'دوسرا حصہ' لکھتے ہیں اور پہلے حصے کو ہندو فارسی شعرا کا تذکرہ بتاتے ہیں۔ بسم اللہ سے شروع کرنے کے بعد منشی جی رقم طراز ہیں:

> "شائقین سخن کو مژدہ ہو کہ یہ دوسرا حصہ 'تذکرہ شعرائے ہنود' کا ان کی خدمت میں پیش کیا جاتا ہے اور مولف کا مقصد اس کی تالیف سے سوائے بقائے نام ابنائے جنس کے اور کچھ نہیں ہے۔ ہندوؤں کی فارسی شاعری کا احوال تو اول حصے میں حوالہ قلم ہو چکا ہے اور اس جلد میں ان کی اردو شاعری کا بیان ہے۔"

اردو کے سب سے پہلے ہندو شاعر کی نشاں دہی کرتے ہوئے منشی دیبی پرشاد لکھتے ہیں:

> "اول اردو شاعر ہندوؤں میں منشی ولی رام، ولی تخلص، قوم کایستھ ہوئے ہیں۔ یہ حضرت شاہجہاں بادشاہ کے عہد میں تھے۔ ان کے بعد رائے آنند رام مخلص اور مہاراجہ رام نرائن موزوں نے اس شاعری کو کچھ وسعت دی۔ مگر جو ترقی اور سرسبزی اس کی رائے سرب سنگھ دیوانہ اور کا کا جی پروانہ کی ذات سے ہوئی وہ بہت عجیب اور لاثانی تھی۔" (ص،۱)

اردو شاعری کے فروغ کا ذکر کرتے ہوئے منشی دیبی پرشاد نے لکھا ہے:

> "دلی اور لکھنؤ دو بڑے مرکز اس کے قرار پائے۔ جہاں بادشاہوں کی سرپرستی اور صلہ بخشی سے بڑے بڑے اوستاد اہل زبان پیدا ہوئے، جن کی سحر طرازی اور نکتہ پردازی سے اردو کی شاعری نے وہ فروغ پایا کہ تمام ہندستان میں اوسکا آفتاب اوج اقبال پر چمک رہا ہے اور گاؤں تک کے لوگ مثل ذروں کے اس کے جمال با کمال

اور نور لایزال سے فیض پائے ہوئے ہیں۔ چناں چہ آج صرف ہندوؤں میں بہت ایسے شاعر شیوا زبان موجود ہیں کہ جن کی شاعری کو ہندو اور مسلمان دونوں پسند کرتے ہیں۔" (ص،۱)

منشی دیبی پرشاد نے اس تذکرے کو حروف تہجی کے حساب سے ترتیب دیا ہے۔ آثم اور آذر جیسے تخلص سے شعرا کے ذکر سے ابتدا کی ہے۔ تذکرے کے آخری صفحے پر منشی جی کی سترہ کتابوں کی فہرست موجود ہے۔ یعنی ۱۸۸۵ تک ان کی سترہ کتابیں شائع ہو چکی تھیں۔

منشی دیبی پرشاد کا اسلوب

دیبی پرشاد کا اسلوب ایک پختہ ادیب کا اسلوب ہے۔ ان کی تحریر میں سنجیدگی ہے تو ظرافت بھی ہے، تعریفی کلمات ہیں تو تنقید بھی ہے۔ تین نمونے ملاحظہ فرمائیں:

"آشفتہ: تخلص، گلاب سنگھ کھتری شاہجہاں آبادی۔ عین عالم شباب اور ایام نوخاستگی میں خنجر عشق کے شہید تھے۔ آخر اسی مرض لاعلاج میں اپنا سر کاٹ کر مر گئے۔ مرزا قادر بخش صابر تخلص شاہزادہ، دہلی، اپنی کتاب 'گلستان سخن' میں لکھتے ہیں کہ ان کی مرگ کو پچیس برس گزرے مگر اب تک دلوں پر وہ صدمہ تازہ ہے۔" (ص،۳)

"امیر: تخلص، جوالا شنکر ولد گنگادت، قوم کایستھ سکسینہ، باشندہ بریلی۔ ایک ذی استعداد اور نیک نفس آدمی ہیں۔ ان کی تصنیفات سے میں نے 'کتھا ست نراین مسمیٰ بہ دافع عذاب' دیکھی ہے، جو ۱۸۷۱ء میں چھپی ہے۔ کتھا واقعی دل چسپ اور قابل دیکھنے کے ہے۔ اس کی نظم بہت سلیس اور شیریں ہے۔" (ص،۷)

ایک ہندو شاعرہ کا ذکر کرتے ہوئے دیبی پرشاد لکھتے ہیں:

"اہل: تخلص، جانکی بی بی صاحبہ۔ پردہ نشینان شہر الٰہ آباد سے ہیں اور شاید کہ قوم کایستھ کی ہوں اور بشرط صحت اس خیال کے ہم اس بات کا ہی فخر کر سکتے ہیں کہ شاعرہ عورتیں ہماری قوم میں بھی موجود ہیں۔ دو غزلیں ان کی، ہم کو ایک عنایت فرما کی معرفت پہنچی ہیں اور طرز کلام سے واضح ہے کہ بی بی صاحبہ ممدوحہ بڑی خوش فکر اور صاحبِ ذہن سلیم ہیں اور ان کو اس فن میں خوب مشق ہے۔" (ص،۸)

تذکرہ نگاری آسان فن نہیں ہے۔ اس کے تقاضے اور اصول و ضوابط کی پابندی ایک مشکل عمل ہے۔ دیبی پرشاد نے یہ تذکرہ لکھ کر نہ صرف اردو ادب میں بیش قیمتی اضافہ کیا ہے بلکہ اپنی تحقیق سے ایسے ہندو شعرا کو ادب میں درج کرا دیا جو گم نام تھے۔ اس تذکرے کی اہمیت و افادیت سے انکار نہیں کیا جا سکتا۔ ■

حواشی:

(۱) خم خانہ جاوید، جلد اول۔ لالہ سری رام۔ مخزن پریس، دہلی۔ ۱۹۰۸ء، ص،۹۷-۲۹۶)

(۲) تاریخ ادب اردو راجستھان، ڈاکٹر شاہد احمد جمالی، راجپوتانہ اردو ریسرچ اکیڈمی، جے پور، ۲۰۲۲ء، ص، ۳۵۷)

(۳) راجستھان میں اردو تذکرہ نگاری، ڈاکٹر رئیس احمد، ص، ۱۱۴)

(۴) راجستھان میں اردو تذکرہ نگاری، ڈاکٹر رئیس احمد، عرشیہ پبلی کیشنز، دہلی، ۲۰۱۶ء، ص، ۹۵)

اردو کے شیدائی

ڈاکٹر ممتاز احمد خاں

ڈاکٹر نازیہ اختر، پٹنہ

اردو ادب کے ممتاز ادیب، مصنف، محقق اور نقاد ڈاکٹر ممتاز احمد خاں کو اردو زبان و ادب سے غایت درجہ لگاؤ، الفت اور محبت تھی۔ ساتھ ہی انھیں اقبالیات سے عشق اور تحریک اسلامی سے گہری وابستگی بھی تھی۔

ڈاکٹر ممتاز احمد خاں کی پیدائش خاندانی ذرائع کے مطابق 1950ء کی ہے جب کہ تعلیمی اسناد کے مطابق 13/ ستمبر 1953ء کو موضع مروت پور، حاجی پور، ضلع ویشالی (بہار) کے ایک کسان گھرانے میں ہوئی تھی۔ ان کے والد کا نام رضوان احمد خاں تھا۔ ابتدائی تعلیم گھر پر حاصل کرنے کے بعد مہنار (حاجی پور) ہائر سکنڈری اسکول سے میٹرک کرنے کے بعد پٹنہ کالج میں داخلہ لیا اور وہاں سے 1975ء میں بی۔ اے (اردو آنرس) فرسٹ کلاس سکنڈ سے کامیابی حاصل کی۔ انھیں پوری امید تھی کہ وہی فرسٹ کلاس فرسٹ ہوں گے لیکن فرسٹ کلاس سکنڈ ہونے کے بعد دل برداشتہ ہو کر ایم۔ اے میں شعبۂ انگلش میں داخلہ لے لیا۔ وہاں سے 1977ء میں ایم۔ اے پاس کیا۔

انگلش سے ایم۔ اے کرنے کے باوجود اردو زبان و ادب سے ان کی وابستگی اور والہانہ محبت کم نہ ہوئی اور ضمیر کی آواز پر 1978ء میں اردو میں پٹنہ یونی ورسیٹی سے ایم۔ اے کیا۔

انھوں نے اپنی تدریسی خدمات کا آغاز زیڈ۔ اے اسلامیہ کالج، سیوان سے کیا تھا۔ جنوری 1980ء میں بہار یونی ورسٹی، مظفر پور کے تحت آر۔ ان کالج، حاجی پور میں بطور لکچرر بحال ہوئے اور 1994ء تک اسی کالج میں درس و تدریس کے فرائض انجام دیتے رہے۔ اسی درمیان انھوں نے 1988ء میں مشہور و معروف تنقید نگار پدم شری ایوارڈ یافتہ پروفیسر کلیم الدین احمد کی نگرانی میں پٹنہ یونی ورسٹی سے پی۔ ایچ ڈی کی ڈگری حاصل کی۔ ان کی پی۔ ایچ ڈی کا عنوان تھا The Tradition Of Ornate prose in Urdu۔

1981 میں اسٹوڈنٹ آف اسلامک آرگنائزیشن آف انڈیا اور ادارۂ ادب اسلامی سے وابستہ ہو گئے۔ جون 1994 میں ان کا تبادلہ شعبۂ اردو، بہار یونی ورسٹی، مظفر پور ہو گیا، جہاں انھیں وسیع دائرے میں کام کرنے کا موقع ملا۔ یہاں درس و تدریس کے ساتھ ہی ریسرچ اسکالروں کی رہ نمائی و نگرانی بھی کرنے لگے۔ مجھے بھی ان کی رہ نمائی میں اپنے پی۔ ایچ ڈی کا ریسرچ ورک مکمل کرنے کا شرف حاصل ہوا۔ ستمبر 2018 میں بحیثیت اسوسی ایٹ پروفیسر ملازمت سے سبکدوش ہوئے اور کورونا کی دوسری لہر کی زد میں آ کر 23 اپریل 2021 کو ان کا انتقال ہوا۔

ریسرچ ورک کے سلسلے میں، میں جب بھی ان سے ملی وہ نہایت خندہ پیشانی، شفقت، اپنائیت اور خلوص کے ساتھ پیش آئے۔ ان میں انسانیت کا جوہر ہم دردی، رواداری، خلوص، اردو زبان و ادب اور اسلامی فکر کوٹ کوٹ کر بھری تھی۔ ادب سے بے پناہ لگاؤ کے ساتھ ہی اسلامی فکر، خاص کر مولانا مودودی علیہ الرحمۃ اور علامہ اقبال رحمہ اللہ کی اسلامی فکر سے متاثر تھے۔ شرعی وضع کے ساتھ ہی صوم و صلوٰۃ کے پابند تھے۔ اگر نماز کا وقت ہو جاتا تو کلاس روم ہی میں کہیں پر نماز ادا کر لیتے۔ وہ بہت ہی فرض شناس اور وقت کے پابند تھے۔ نہایت با اخلاق تھے اور چھوٹے بڑے سب کو سلام کرنے میں پہل کرتے تھے۔

میرے ریسرچ ورک کا عنوان بھی انھی نے طے کیا تھا۔ وہ عنوان

تھا "پروفیسر مختار الدین احمد آرزو کی حیات اور ادبی کارنامے" آرزو صاحب عربی کے جید عالم اور علی گڑھ مسلم یونی ورسٹی میں شعبۂ عربی میں پروفیسر و صدر شعبہ رہے، لیکن وہ عربی کے ساتھ ہی فارسی و اردو کے مشہور مصنف، دانش ور، محقق اور تنقید نگار تھے۔ مجھے اپنی تحقیق میں ڈاکٹر ممتاز سے کافی مدد و رہ نمائی ملی۔ ڈاکٹر ممتاز صاحب نے پروفیسر آرزو کی تصانیف پر گہری تنقیدی نظر ڈالتے ہوئے ان کی چار ایسی کتابوں کا ذکر کیا جس کا تذکرہ پروفیسر آرزو کی تصنیفات کی فہرست میں شامل نہیں تھا اور کسی دوسرے اہل قلم نے بھی اس کا تذکرہ باضابطہ طور پر نہیں کیا تھا۔ ان تصانیف کے نام ہیں 1. علی گڑھ میگزین "غالب نمبر" 2. تلامذۂ مصحفی 3. تذکرۂ مخزن نکات اور 4. دیوان یکرو۔

ڈاکٹر ممتاز صاحب بنیادی طور پر ادیب، مصنف، محقق اور تنقید نگار کی حیثیت سے جانے جاتے ہیں لیکن زمانۂ طالب علمی میں ان کی بعض نظمیں پٹنہ کالج میگزین اور رسالہ 'صبح نو' میں ممتاز احمد خاں ہمدرد کے نام سے شائع ہوئی تھیں۔ ان کا پہلا مضمون 'وش کی منظری شاعری' کے عنوان سے اس زمانے میں شائع ہوا جب وہ بی۔اے کے طالب علم تھے۔ یہ مضمون ہفتہ وار اخبار 'ہمارا نعرہ'، پٹنہ کے 21 جولائی 1972 کے شمارے میں شائع ہوا تھا۔ بعد میں انھوں نے شاعری ترک کر دی اور تصنیف، تحقیق و تنقید کی راہ اپنائی۔ انھیں اردو کے ساتھ ہی اقبال کی اسلامی و فکری شاعری سے جنون کی حد تک عشق تھا۔ اس سلسلے میں بہت سارے تجزیاتی اور تنقیدی مضامین اخبارات، ادبی رسائل و جرائد میں شائع ہوتے رہے۔ ان کا دوسرا تنقیدی مضمون "اقبال کی منظری شاعری" بہار اردو اکادمی کے ترجمان "زبان و ادب" میں شائع ہوا۔ 1990 میں ان کے منتخب تنقیدی مضامین کا ایک اور مجموعہ "ادب اور ادبی رویہ" کے نام سے شائع ہوا۔ ویسے تو انھوں نے کئی کتابیں تصنیف کیں لیکن ان کی مشہور و مقبول اور قابل قدر تصنیف "اقبال: شاعر و دانش ور" 2013 میں منظر عام پر آئی۔

ڈاکٹر ممتاز کے ایک شاگرد رشید ڈاکٹر مشتاق احمد مشتاق نے ان کی زندگی میں ان کی ادبی، علمی، تدریسی اور تحریکی خدمات کے اعتراف میں مضامین اور تاثرات کا ضخیم مجموعہ "ڈاکٹر ممتاز احمد خاں...ایک شخص ایک کارواں" 2015 میں شائع کیا تھا۔ ڈاکٹر ممتاز احمد خاں کے انتقال کے محض چار دن بعد ہی (اپریل 2021 میں) ڈاکٹر مشتاق احمد مشتاق کا بھی کورونا کے باعث انتقال ہو گیا۔ اس کتاب کے اجرا کے موقع پر خود ڈاکٹر ممتاز احمد خاں نے تبصرہ کرتے ہوئے کہا تھا کہ "یہ میری ادبی زندگی کا انسائیکلوپیڈیا ہے۔ اس کتاب میں میری بیاض سے غزلیں اور نظمیں بھی شامل کی گئی ہیں۔ آپ (مشتاق) نے ایک لائق و فائق شاگرد ہونے کا ثبوت دیا اور شاگردی کا حق ادا کر دیا۔"

(بحوالہ روز نامہ پندار، پٹنہ 27/اپریل 2021)

ڈاکٹر ممتاز احمد خاں کو ان کی گراں قدر ادبی خدمات کے اعتراف میں کئی ایوارڈ ملے۔ بہار اردو اکادمی نے انھیں 16/اپریل 2016 کو "اقبال: شاعر اور دانش ور" کی اشاعت پر 'کلیم الدین احمد ایوارڈ' سے نوازا تھا۔ ڈاکٹر ممتاز کے مضامین کا آخری مجموعہ "قندیل" ہے جس کی اشاعت مارچ 2021 میں ہوئی تھی۔

ان کے انتقال سے صرف 23 دن پہلے انھی کے دولت کدہ (حسن منزل، حاجی پور) پر 31/مارچ کو "ڈاکٹر ممتاز احمد خاں...ایک شخص ایک کارواں" کے سلسلے میں ایک ادبی نشست ہوئی تھی۔ یہ ادبی تقریب ناشاد اورنگ آبادی کے اعزاز میں سجائی گئی تھی۔ اس موقع سے ناشاد صاحب نے خراج تحسین کے طور پر 'ممتاز احمد خاں کی نذر' کے نام سے ایک نظم کہی تھی۔ ڈاکٹر ممتاز مرحوم کے انتقال کے بعد انھوں نے اپنے تعزیتی پیغام میں کہا "افسوس! کون جانتا تھا کہ وہ اتنی جلدی دنیائے ادب کو سونا کر کے ہمیشہ کے لیے رخصت ہو جائیں گے اور ہم جیسے ہزاروں کو ناشاد کر دیں گے۔" نظم ملاحظہ ہو:

ممتاز احمد خاں کی نذر

کیا بتاؤں کتنے پیارے ڈاکٹر ممتاز ہیں
اچھے اچھوں سے بھی اچھے ڈاکٹر ممتاز ہیں
دوسروں کا وقت پر وہ ساتھ دیتے ہیں سدا
من کے سچے دھن کے پکے ڈاکٹر ممتاز ہیں
جذبۂ ایثار سے لبریز ہے قلب و دماغ
دل کشادہ رکھنے والے ڈاکٹر ممتاز ہیں
سب سے ملتے ہیں خوشی سے سب کا رکھتے ہیں خیال
شادماں، شاداب دکھتے ڈاکٹر ممتاز ہیں
درس گاہ علم کے مشہور دانش ور ہیں وہ
منفرد احساس والے ڈاکٹر ممتاز ہیں
ان کے جیسا دوسرا اہلِ نظر دیکھا نہیں
اپنے فن کے اک اکیلے ڈاکٹر ممتاز ہیں
اونچی شخصیت کے مالک اعلیٰ ظرفی کی مثال
آگہی کا درس دیتے ڈاکٹر ممتاز ہیں
ان سے مل کے شاعر ناشاد ہو جاتے ہیں شاد
ایسے دل کے شاہ زادے ڈاکٹر ممتاز ہیں

ڈاکٹر ممتاز احمد خاں مرحوم کے انتقال سے بہار کی حد تک ادبی دنیا سونی ہوگئی اور ان کے اچانک انتقال سے ادبی حلقے میں سوگواری کی لہر دوڑ گئی۔ تعزیتی نشستوں میں اظہار کیے گئے تاثرات، احساسات اور پیغامات سے متعلق اخبارات و رسائل میں بے شمار مضامین شائع ہوئے جن کا حوالہ دینا اس مختصر سے مضمون میں ممکن نہیں ہے۔ نمونے کے طور پر تعزیتی پیغام کے چند حوالے پیش کیے جا رہے ہیں جن سے ممتاز احمد خاں مرحوم کی شخصیت، ادبی حیثیت، خلوص اور شریف النفسی کا اندازہ لگایا جا سکتا ہے۔

پروفیسر (ڈاکٹر) رضیہ تبسم، سابق صدر شعبۂ تعلیم، پٹنہ یونی ورسٹی و سابق چیر پرسن بہار پبلک سروس کمیشن نے اپنے تعزیتی مضمون ''آہ! میرے بھائی ممتاز خاں'' میں ان خیالات کا اظہار کیا: ''وہ نہایت شریف النفس، بااخلاق اور باکردار انسان تھے۔ انھوں نے ہمیشہ مجھے 'آپا' کہہ کے مخاطب کیا جو میرے لیے باعث مسرت اور ان کے خلوص و اپنائیت سے بھرا جذباتی لگاؤ کا مظہر تھا۔ میرے صرف ایک حقیقی بھائی تھے جو پاکستان چلے گئے، وہ مجھے آپا کہتے تھے اور ہندستان میں دوسرے بھائی ممتاز احمد خاں تھے جو مجھے 'آپا' کہہ کے مخاطب ہوتے تھے۔''

(پندار، پٹنہ، 27 اپریل 2021)

قومی اساتذہ تنظیم بہار کے ریاستی کنوینر اور مشہور صحافی محمد رفیع نے اپنے پیغام میں کہا: ''ڈاکٹر ممتاز احمد خاں ایک عظیم مجاہد اردو تھے۔ ویشالی ضلع میں اردو تحریک انھی سے وابستہ تھی۔ اردو کے فروغ کے لیے وہ ہمیشہ کوشاں رہتے۔ وہ انجمن ترقی اردو ویشالی ضلع کے تین بار صدر کے عہدے پر فائز رہے اور ریاستی مجلس عاملہ کے رکن بھی رہے۔ ایک سال کے لیے انجمن ترقی اردو بہار کے کارگزار صدر بھی رہے اور اپنی ذمے داریوں کو بحسن و خوبی انجام دیا۔ وہ کاروان اردو حاجی پور کے منتخب صدر بھی تھے۔ غرضے کہ وہ اتنی بڑی تنظیمی صلاحیت کے انجمن تھے۔''

(روز نامہ پندار، پٹنہ، 27 اپریل 2021)

ان کے علاوہ 'کاروان ادب' کی طرف سے 'حسن منزل'، آشیانہ کالونی، حاجی پور میں ڈاکٹر ممتاز احمد خاں کی وفات پر ایک دعائیہ اور تعزیتی نشست 26 اپریل 2021 کو ہوئی جس میں ہر شعبۂ زندگی کے دانش وروں نے اظہار خیال کیا۔ ان پیغامات و تاثرات اور خیالات کا اجمالی خلاصہ پیش کیا جا رہا ہے جن سے ان کی شخصیت اور ادبی کارناموں کا اندازہ لگایا جا سکتا ہے:

''کاروان ادب کے سکریٹری انوارالحسن وسطی نے کہا
''ممتاز احمد خاں ایک نام ور ادیب و ناقد کے ساتھ ہی

اردو شعر و ادب کے ایک جید استاد اور ایک مثالی انسان تھے۔ ان کی شخصیت میں اللہ تعالی نے جتنی خوبیاں یکجا کر دی تھیں وہ بہت کم لوگوں کو میسر آتی ہیں۔ وہ ایک جامع صفات اور بافیض انسان تھے،... وہ سراپا محبت، بے ضرر، انتہائی مشفق اور دل کھول کر محبت کرنے والے انسان تھے،... اسلامی ادب کے زبردست حامی، مذہب اور ادب کے تعلق سے ان کا رویہ اور نظریہ بالکل واضح تھا۔ وہ مسلکاً اہل حدیث تھے لیکن مسلکی رواداری کوٹ کوٹ کر بھری تھی۔ اقبال اور مولانا مودودی رحمہ اللہ سے ان کی فکری مماثلث تھی۔۔۔ بڑے انسان، احترام انسانیت کے علم بردار اور اپنی مثال آپ تھے۔ زبان و ادب کے فروغ اور اردو تحریک کے حوالے سے بھی ان کی خدمات کا دائرہ کافی وسیع تھا۔ (ڈاکٹر عارف حسن وسطی)... باوقار دانش ور، اعلی اخلاقی اقدار و روایت کے پاس دار تھے۔ ہر دل عزیز تھے اور ان کا کوئی دشمن تھا اور نہ وہ کسی سے دشمنی رکھتے تھے۔ (الحاج حضیر احمد خاں).. حاجی پور میں ادبی سرگرمیوں کے بانی دراصل ممتاز تھے۔ حاجی پور کو انھوں نے علم و ادب کا ایک مرکز بنا دیا تھا۔ (پروفیسر واعظ الحق) متذکرہ تعزیتی پیغامات اور تاثرات اس بات کی دلیل ہے کہ ڈاکٹر ممتاز احمد خاں گوناگوں اوصاف اور خصوصیات کے مالک تھے۔ وہ تادم آخر سرگرم رہے اور اردو ادب کی آبیاری کرتے رہے۔ اللہ تعالی سے دعا ہے کہ مرحوم کی لغزشوں اور کوتاہیوں کو اپنے فضل و کرم سے معاف کرتے ہوئے اور ان کی نیکیوں کو قبول کر کے اپنی جوار رحمت میں جگہ عطا فرمائے۔ آمین یا رب العالمین!" ■

بارے آموں کا کچھ بیاں ہو جائے

محمد حسن عسکری

کوئی پچھلے سو سال سے یعنی جب سے اردو اور ہندی کا جھگڑا شروع ہوا ہے، یہ سوال وقتاً فوقتاً ہمارے سامنے پیش کیا جاتا رہا ہے کہ ہم اپنا رسم الخط برقرار رکھیں یا لاطینی رسم الخط اختیار کر لیں۔ اس مسئلے پر ایک تو عملی نقطہ نظر سے بحث ہوئی ہے اور دوسرے علمی اعتبار سے۔ مگر اپنا تعلق ٹھہرا ادب سے۔ چناں چہ ادب سے پیار بڑھانے کا نتیجہ یہ ہوا ہے کہ میں عمل سے بھی بے بہرہ ہوں اور علم سے بھی۔ آج تک مجھ سے نہ تو ڈیل کارنیگی کی کتاب پڑھی گئی نہ برٹرنڈ رسل کی۔۔۔ علم اور عمل سے محروم ہونے کے بعد مجھے یہ حق نہیں پہنچتا کہ ایسے گمبھیر مسئلے پر مضمون لکھنے بیٹھ جاؤں۔۔۔ لیکن ادیب ان معاملات میں ہمیشہ غیر دیانت دار پائے گئے ہیں۔۔۔ خصوصاً ہمارے مشرقی شاعر۔

کھیت کی خبر نہ کھاد کی، کسی نے فرمائش کی کہ آم کی شان میں قصیدہ ہو جائے۔ آگا دیکھا نہ پیچھا، بس تشبیہ، استعارے، صنائع، بدائع، خیال آرائی، مبالغہ بازی اور ایسی ہی دو چار لغویات جمع کیں۔ محاکات نگاری کے فرض کو بالائے طاق رکھا اور قصیدہ تیار۔ یہ بھی نہ سوچا کہ مولانا حالی کیا کہیں گے۔ اس روایت نے اپنی عادت بھی بگاڑ رکھی ہے۔ رسم الخط کے مسئلے پر عالمانہ مضامین شائع ہوتے دیکھ کر جی بھر بھر آیا کہ لاؤ ہم بھی طبع آزمائی کر ڈالیں، اور کچھ نہ بن پڑے تو اس موضوع پر جو گپ زنی اپنے یہاں ہوتی رہی ہے اس کو جمع کریں، خیالی طوطا مینا اڑتے دیکھ کر تھوڑی دیر اپنا بھی دل بہلے گا، اور دوسروں کا بھی۔

کس چیز میں عملی فائدہ ہے اور کس چیز میں عملی نقصان، اس کی مجھے خود خبر نہیں اوروں کو کیا بتاؤں گا۔ اور میری علمیت اس غضب کی ہے کہ مجھے یہ بھی پتہ نہیں کہ اقوام متحدہ کا صدر مقام نیویارک شہر کے اندر ہے یا باہر۔ چناں چہ نہیں بلکہ لہٰذا اس مضمون میں آپ کو نہ تو کوئی کام کی بات ملے گی اور نہ علمی دلائل۔ البتہ لطائف و ظرائف کثرت سے ہوں گے۔ ہنسنے ہنسانے کو جی چاہتا ہو تو یہ مضمون پڑھ لیجیے۔

جہاں تک اصلی مسئلے کا تعلق ہے، میں اس معاملے میں آپ کی کوئی رہ نمائی نہیں کر سکوں گا۔ قطعی فیصلوں کے بجائے مجھے تو لطائف و ظرائف پسند ہیں اور اس قدر کہ میں نے تو اپنی دل لگی کے لیے ابن عربی کی یہ بات پکڑ لی ہے۔۔۔ دنیا میں جو کچھ ہو رہا ہے اچھا ہو رہا ہے۔ تو موجودہ رسم الخط چاہے رہے چاہے جائے، میں تو دونوں آموں کو میٹھا ہی کہوں گا۔ اس مضمون میں میرا مقصد تو بس اتنا ہے کہ رسم الخط کے بارے میں آپ کو چند لطیفے سناؤں جو پرانے ملاؤں نے گھڑے ہیں اور سب سے بڑا لطیفہ یہ ہے کہ کل جو ملا تھا وہ آج خلائی سفر کے زمانے میں ملا دو پیازہ بن گیا ہے اور اس کے عقائد لطائف بیربل۔

ملا کے لطیفوں کا مزہ لینے تو خیر ہم بیٹھے ہی ہیں، لائیے پہلے ذرا عملی اور علمی دنیا کی بے چینی سے بھی لطف اندوز ہو لیں۔ لاطینی رسم الخط کی موافقت میں واحد دلیل یہ دی جاتی ہے کہ یہ مغرب کا رسم الخط ہے اور مغرب آج سب سے طاقتور، سب سے دولت مند اور سارے علم و عمل کا مالک ہے۔ اس دلیل کے پیچھے مفروضہ یہ ہے کہ مغرب کی یہ عظمت لازوال ہے مگر سیدھی سی حقیقت یہ ہے کہ مغرب آج بھی وحدہ لاشریک لہ نہیں۔ اس کے تین حریف موجود ہیں۔ روس، چین اور جاپان۔ اور یہ تینوں اپنا اپنا رسم الخط استعمال کرتے ہیں۔ اس سے تو پتہ چلتا ہے کہ علمی

اور عملی ترقی لاطینی رسم الخط کی بوتل میں بند نہیں بلکہ روس جو اپنا رسم الخط استعمال کرتا ہے، کم سے کم سائنس میں مغرب سے دو چار قدم آگے ہے۔ یہ علمی اور عملی ترقی تو ڈھلتی پھرتی چھاؤں ہے، آج یہاں تو کل وہاں۔ اب تو بے چارا مغرب بھی اپنے آپ کو لازوال نہیں سمجھتا۔ یہ پیشین گوئی تیس سال پہلے والیری نے کر دی تھی کہ یورپ آہستہ آہستہ ایشیائی براعظم کا ایک کونا بن کے رہ جائے گا۔ اب تو یہ احساس مغرب میں عام ہو چلا ہے۔

''ٹائمز لٹریری سپلیمنٹ'' جیسے قدامت پسند اخبار نے حال ہی میں لکھا ہے کہ لوگوں کو ایزرا پاؤنڈ سے شکایت ہے کہ وہ چینی الفاظ، چینی رسم الخط میں لکھ کے ہمیں خواہ مخواہ الجھن میں ڈالتا ہے لیکن شاید اگلی صدی میں یہی شاعر سب سے زیادہ قابل قبول ہوگا۔ کیوں کہ ممکن ہے سو سال کے اندر مغرب چینی زبان بول رہا ہو۔ اگر مغرب والوں کا یہ اندیشہ درست نکلا اور اکیسویں صدی میں مغرب چینی بولنے لگا تو ہماری حیثیت کتنی دل چسپ ہو جائے گی۔ بیسویں صدی میں ہم لاطینی رسم الخط اختیار کریں۔ اکیسویں صدی میں چینی رسم الخط اور بائیسویں صدی میں افریقہ کا کوئی رسم الخط۔ چلیے یہ نقشہ کچھ ایسا برا بھی نہیں۔ اس کوٹھی کا اناج اس کوٹھی میں کرتے رہنے سے ہم علم اور عمل دونوں میں مصروف رہیں گے۔

لیکن رسم الخط کا معاملہ محض کپڑوں کا سا ہے کہ جب جی چاہا بدل ڈالے؟ ممکن ہے مغرب والوں کو رسم الخط صرف خارجی اور غیر مستقل چیز ہی نظر آتا ہو اور انھیں رسم الخط بدلنے میں نہ تو کوئی تکلیف ہو اور نہ کوئی نقصان پہنچے۔ دوسری روایتوں کے برخلاف عیسائیت کا اختصاص یہ ہے کہ اس میں نہ تو تفصیلی فقہ ہے نہ مقدس زبان۔ عبادت کی زبان کے طور پر عیسوی دنیا میں لاطینی، یونانی، شامی اور دیگر زبانیں استعمال کی گئی ہیں۔ لیکن کوئی ایسی زبان نہیں جس میں ان کی روایت کے بنیادی صحیفے محفوظ ہوں۔ اس لیے عیسائیوں کے لیے ایک خاص زبان اور ایک خاص رسم الخط وہ اہمیت اور معنویت نہیں رکھتے جو ان چیزوں کو مشرق کی بڑی روایتوں میں حاصل ہے۔

مثلاً چینی روایت کی تو وحدت ہی رسم الخط کے سہارے قائم ہے اور اس روایت میں رسم الخط کی حیثیت بہت ہی مرکزی ہے۔ چینی روایت کا امتیاز یہ ہے کہ مابعد الطبعیاتی معارف کو صرف چند عالموں تک محدود کر دیا گیا تھا اور عام لوگوں کے لیے وہ اخلاقی اور سماجی اصول تھے جو اس مابعد الطبعیات سے اخذ کیے گئے تھے۔ اس کے دو نتیجے ہونے چاہئیں تھے۔ ایک تو یہ کہ عام لوگ مابعد الطبعیات کو بالکل ہی بھول جائیں اور دوسرے جن علاقوں میں یہ روایت پھیلے، ان میں یگانگت اور وحدت کا احساس برقرار نہ رہے۔ ان دونوں خطرات سے چینی روایت کو رسم الخط نے ہی بچائے رکھا ہے۔

پورے مشرق بعید میں سماجی اور تہذیبی وحدت کا احساس پیدا کرنے والی چیز ہے رسم الخط۔ دوسرے مابعد الطبعیات اور سماجی اخلاقیات کے تعلق کو عام لوگوں کے شعور میں بھی زندہ رکھنے کا فریضہ رسم الخط نے ہی سرانجام دیا ہے۔ کیوں کہ یہ رسم الخط تصویری ہے اور اس میں ہر علامت بیک وقت حسیات، معقولات اور مابعد الطبعیات تینوں سے تعلق رکھتی ہے۔ گویا چینی روایت میں تو مابعد الطبعیات کی حفاظت اور نگہبانی ہی رسم الخط کے سپرد ہے۔ یہ ایک زندہ نمونہ ہے وحدت الوجود کا جو ہر پڑھے لکھے چینی کے سامنے ہر وقت حاضر رہتا ہے۔ اس اعتبار سے چینی روایت میں رسم الخط عرفان حقیقت کا ایک وسیلہ ہے۔ جس طرح ہندو روایت میں بت ہیں۔ چینی رسم الخط بلاواسطہ ایک مابعد الطبعیاتی فریضے کا حامل ہے۔

مغرب والوں کے نزدیک رسم الخط کا سب سے بڑا فائدہ یہ ہے کہ آلو، مٹر کی خریداری کا حساب رکھنے میں آسانی رہتی ہے۔ رسم الخط کے مابعد الطبعیات فریضے کا تصور انھیں مذاق معلوم ہوگا، اور ان سے زیادہ ہمارے یہاں کے مغرب پرستوں کو کیوں کہ مرید پیر سے چار جوتے آگے رہنا چاہتا ہے۔

پھر مغرب والوں کے استعماری مفاد کا بھی تقاضا یہی رہا ہے کہ کسی طرح مشرق کے لوگ ان باتوں کو مذاق ہی سمجھتے رہیں۔ آج

مغرب، ایشیا اور افریقہ کے جہاد آزادی سے بھی زیادہ اس بات سے خائف ہے کہ مشرق والے اپنے اداروں اور اپنے تصورات کو پھر سے سمجھنے کی کوشش کر رہے ہیں اور ان کے دل میں اپنی اقدار کی عزت پیدا ہوتی جارہی ہے۔ یہ خوف میں نے ایجاد نہیں کیا۔ ابھی ایک صاحب نے بی بی سی سے اقوام متحدہ کے ایک اجلاس پر تبصرہ کرتے ہوئے کہا تھا کہ جو چیز مغرب کے مستقبل پر سیاست سے بھی زیادہ اثر انداز ہوگی، وہ یہ ہے کہ ایشیا اور افریقہ کے لوگ بنیادی زندگی کی مشکلات کا حل بھی اپنے اپنے مذہب میں ڈھونڈنے لگے ہیں۔ اگر یہ ذہنیت ترقی کر گئی تو مغرب کو تہذیبی برتری کا جو احساس اور یقین حاصل ہے وہ بھی ہاتھ سے جاتا رہے گا۔ اگر آپ کو تصدیق منظور ہو تو بی بی سی کا رسالہ ''لسنر'' دیکھیے— 6 اکتوبر 1960ء صفحہ 549— اسی تہذیبی برتری کے تحفظ کی خاطر ہی تو مغربی حکومتوں کی طرف سے اسلامیات اور عربی زبان و ادب کے ''عالم'' اور ماہر اور مستشرق اسلامی ملکوں میں بھیجے جاتے ہیں جو قرآن و حدیث سے یہ ثابت کر کے دکھاتے ہیں کہ اسلام کا تعلق کسی خاص رسم الخط سے نہیں اور مسلمانوں کی بہتری اسی میں ہے کہ وہ لاطینی رسم الخط اختیار کر لیں۔

خیر یہ تو عملی اور علمی باتیں ہیں۔ ہم اس بکھیڑے میں کیوں پڑیں۔ ہم تو ایک کھیل کھیلنے بیٹھے ہیں اور آج کل مابعد الطبعیات ہی ایک چیز رہ گئی ہے جس سے آدمی کھیل سکتا ہے۔ باقی سب چیزیں علمی اور عملی بن گئی ہیں۔ مابعد الطبعیات سے کھیلنے میں ہم گناہ گار ہوں گے تو زیادہ سے زیادہ خدا کے۔ خدا غفور اور رحیم ہے، اس سے تو ہم اپنا گناہ بخشوا ہی لیں گے۔ انسان سے البتہ معافی ملنی مشکل ہے۔ تو خدا سے کیا ڈرنا، آیئے مابعد الطبعیاتی شطرنج کی بازی جم جائے۔

پہلے اس شطرنج کا بنیادی اصول سمجھ لیجیے۔ انسانی تاریخ کی عظیم ترین اور مکمل ترین روایتی تہذیبیں تین ہیں۔ چینی، ہندو اور اسلامی۔ ان کے علاوہ اگر کسی اور تہذیب نے تکمیل کا درجہ حاصل کیا تو ہمیں اس کا صحیح علم نہیں۔ یونانی، یہودی اور ازمنہ وسطی کی عیسوی تہذیبیں اپنی اپنی جگہ قابل قدر ہیں لیکن کسی نہ کسی اعتبار سے نامکمل ہیں۔ موجودہ مغرب کسی طرح روایتی تہذیب کے دائرے میں آتا ہی نہیں کیوں کہ اس میں روایت کا وجود ہی نہیں بلکہ یہ بات بھی مشکوک ہے کہ جس معاشرے میں تہذیب نفس کا کوئی مرکزی اصول نہ ہو، اسے تہذیب کہہ بھی سکتے ہیں یا نہیں۔

بہر حال ان تینوں بڑی تہذیبوں میں طرح طرح کے اختلافات کے باوجود ایک چیز مشترک ہے۔ توحید کا نظریہ، یعنی مابعد الطبعیاتی عنصر جس پر ان تہذیبوں کی بنیاد قائم ہے۔ پھر ان تہذیبوں کی ایک لازمی خصوصیت یہ ہے کہ عقائد، عبادات، اخلاقیات اور رسمیں تو الگ الگ رہیں، دنیاوی زندگی کا بھی کوئی فعل یا قول اس مابعد الطبعیات سے آزاد نہیں ہوتا۔ اچھی سے اچھی اور بری سے بری سب چیزوں میں اس کا عکس اور ظہور ملتا ہے۔ بلکہ مادی چیزوں کو مابعد الطبعیاتی حقائق کی علامت بنا کر ان سے مابعد الطبعیات کی حفاظت کا کام لیا جاتا ہے۔ یہ مادی چیزیں ایک وسیلہ بن جاتی ہیں، جن کے ذریعے حقائق عام لوگوں کے شعور اور طرز احساس میں رچ بس جاتے ہیں۔ چناں چہ ان تہذیبوں میں کوئی عنصر بھی اتفاقی یا حادثاتی امر نہیں ہوتا، بلکہ لازمی حیثیت رکھتا ہے اور اگر کسی عنصر کو خارج کر دیا جائے تو اس کی اضافی اہمیت کے حقدار تہذیب کو نقصان اٹھانا پڑتا ہے۔

یہی حال رسم الخط کا بھی ہے۔ یہ تو ہم دیکھ چکے ہیں کہ چینی تہذیب کی بقا اور استحکام کس حد تک رسم الخط پر منحصر ہے۔ اس کے علاوہ لاطینی رسم الخط پر چینی رسم الخط کی برتری کا اظہار ہی نہیں بلکہ اعلان بالجبر مغرب میں گینو توسا، ایزرا پاؤنڈ اور آئن سٹائن جیسے لوگ کر چکے ہیں۔ اسلامی روایت میں رسم الخط کو اتنی مرکزی اہمیت تو حاصل نہیں، مگر یہاں بھی رسم الخط ہمارے بنیادی عقائد کے ساتھ مربوط اور منضبط ہے۔ اور ایک ایک حرف کیا معنی، لفظوں اور حروف کی شکلوں کی بھی مابعد الطبعیاتی اور علامتی معنویت مقرر ہے۔ یہ رموز تفصیل کے ساتھ حضرت عبد الکریم جیلی نے ''الکھف و الرقیم فی شرح بسم اللہ الرحمن الرحیم'' میں لکھے ہیں۔ ان رموز کو سمجھنے اور سمجھانے کا ذمہ نہیں لیتا۔ میں تو بس اتنا ہی کر

سکتا ہوں کہ نمونے کے طور پر چند جملے نقل کر دوں۔ مثلاً،

''نقطہ ب سے کہتا ہے کہ اے حرف میں تیری اصل ہوں کیوں کہ تیری ترکیب مجھ سے ہے بلکہ تو اپنی ترکیب میں میری اصل ہے۔ اس لئے کہ تیرا ہر جز نقطہ ہے۔ پس تو کل ہے اور میں جز ہوں اور کل اصل ہے اور جز فرع۔ بلکہ میں حقیقت میں اصل ہوں۔ اس لیے کہ تیری ترکیب عین میری ترکیب ہے۔''

''ب الف مبسوطہ ہے اور ح الف معوجۃ الطرفین ہے اور د الف منحنی الوسط ہے اور الف بوجہ ہر حرف کے اس سے مرکب ہونے کے مقام نقطہ میں ہے اور ہر حرف نقطے سے مرکب ہے۔ پس نقطہ ہر حرف کے لیے مثل جوہر بسیط کے ہے اور حرف مثل جسم مرکب کے ہے۔ پس الف نہ قائم ہوا بجسمہ بجائے نقطے کے — اسی طرح حقیقت محمد یہ ہے کہ تمام عالم اس سے پیدا کیا گیا ہے۔''

''بعض حروف ایسے ہیں جن کا نقطہ اوپر ہوتا ہے اور وہ اس کے نیچے ہوتے ہیں اور یہ مقام مارایت شیئا الاورایت اللہ قبلہ کا ہے اور بعض حروف ایسے ہیں کہ جن کا نقطہ نیچے ہوتا ہے اور وہ اس کے اوپر ہوتے ہیں۔ یہ مقام مارایت شیئا الاورایت اللہ بعدہ کا ہے۔ بعض حروف ایسے ہیں جن کا نقطہ ان کے وسط میں ہے — یہ محل مارایت شیئا الاورایت اللہ فیہ کا ہے۔''

اگر میں نے اور اقتباس نقل کیے تو ہماری شطرنج بازی بہت مشکل چیز بن جائے گی۔ اس کے علاوہ میں لافورگ اور لوتریاموں کا پڑھنے والا ہو کے بھی مولانا حالی کی روح سے بہت ڈرتا ہوں۔ اگر میں نے دو چار جملے اور ایسے نقل کیے تو آپ کہیں گے کہ یہ تو نری خیال آرائی اور مبالغہ بازی ہے۔ اس میں خلوص اور توازن کا فقدان ہے۔ یہ تو اس زمانے کی باتیں ہیں جب لوگ عمل اور تسخیر کائنات کے فریضے سے غافل تھے اور ان فضول باتوں میں اپنا وقت ضائع کرتے تھے اور یہی اسباب زوال امت ہیں۔ دوسرا اعتراض آپ یہ کریں گے کہ ایسی خیال آرائی تو لاطینی رسم الخط کے متعلق بھی ہو سکتی ہے، اس کا رسم الخط سے کوئی لازمی اور اندرونی تعلق نہیں۔ چلئے میں مان گیا، اس اعتراض کا جواب دینے کے بجائے میں آپ کو رسم الخط کے اندر ہی لیے چلتا ہوں۔

عبرانی اور عربی زبانوں کی امتیازی خصوصیت یہ ہے کہ الفاظ کے معنی اور مطلب کا تعین ابجدی اعداد کے اعتبار سے بھی ہوتا ہے بلکہ معارف اور حقائق کے معاملے میں تو بعض دفعہ صرف اسی طرح ہوتا ہے۔ چناں چہ مغرب والوں نے لسانیات کے جو اصول گھڑے ہیں وہ یہاں آ کے بالکل بیکار ہو جاتے ہیں — ابجدی حساب صرف پیدائش اور موت کی تاریخیں نکالنے کے ہی کام میں نہیں آتا بلکہ اس میں ہماری روایت کے بنیادی عقائد محفوظ ہیں۔ اس زمین میں تو دفینہ گڑا ہوا ہے۔ میں تو اس علم کے معاملے میں بھی کورا ہوں۔ البتہ دو ایک سنی سنائی باتیں عرض کرتا ہوں۔ مثلاً تصوف کے بارے مستشرقین اور خود ہم لوگ بھی خیال آرائی کرتے پھرتے ہیں کہ اس کی تعریف کیا ہے، یہ لفظ کہاں سے نکلا ہے اور اس کا رمز چھپا ہوا ہے ابجدی حساب میں۔ لفظ ''صوفی'' کے اتنے ہی اعداد ہوتے ہیں جتنے ''الحکمۃ والالھیہ'' کے۔ یہی تصوف ہے۔ ہمارے یہاں اصطلاحات کی تعریف اس طرح بیان کی جاتی ہے۔ ان باتوں کو معمہ بنانے کی مصلحت یہ ہے کہ جن لوگوں میں معارف کی استعداد نہیں وہ انھیں کھیل نہ بنالیں۔ جیسے میں اس وقت بنا رہا ہوں۔

دوسری مصلحت یہ ہے کہ حقائق کو محفوظ رکھنے کے لیے انھیں طرح طرح کی ٹھوس شکلیں دی جاتی ہیں۔ چناں چہ اب ایک مثال دیکھیے مابعد الطبعیاتی رموز کو ابجدی حساب سے بیان کرنے کی۔ حدیث قدسی میں آیا ہے کہ اللہ نے آدم کو اپنی شکل پر بنایا۔ ابجد کی رو سے جتنے عدد اللہ کے ہوتے ہیں اتنے ہی ''آدم وحوا'' کے ہیں۔ پرانے لوگ کہتے تھے کہ یہ ساری باتیں اللہ کی طرف سے ہیں لیکن شاید آپ اس ابجدی تطبیق کو مشرقی ذہن کی نازک خیالی اور قوت ایجاد کا کرشمہ سمجھیں گے۔ لہٰذا اب ایک ایسی مثال لیجیے جس میں قوت ایجاد سرے سے غائب ہو۔

اسم اور فعل میں تو کوئی نہ کوئی واضح معنی ہوتے ہیں جن سے

خیال آفرینی کی جاسکتی ہے۔ لیکن ایک معمولی حرف اتصال میں تو کوئی اور لفظ ساتھ لگائے بغیر نازک خیالی دکھانے کا موقع نہیں ہوتا۔ مگر یہاں تو حرف اتصال بھی مابعد الطبعیات کے دائرے سے باہر نہیں۔ عربی میں "و" کے معنی ہیں "اور" اس کے عدد ہوتے ہیں چھ۔ مشرقی علم الاعداد کے حساب سے طاق اعداد عالم لاہوت پر دلالت کرتے ہیں یعنی خدا اور روح سے متعلق ہیں اور جفت اعداد عالم ناسوت یعنی مخلوقات پر۔ چناں چہ اصولاً تو چھ کا عدد کائنات سے متعلق ہونا چاہیے تھا مگر اسے مانا گیا ہے عالم لاہوت کی علامت، کیوں کہ یہ عدد 2 اور 3 کو ضرب دینے سے بنتا ہے۔ جن میں سے ایک عدد عالم ناسوت کا ہے اور دوسرا عالم لاہوت کا۔ ان دونوں کا حاصل صرف 6 علامت بن گیا لاہوت اور ناسوت کے تعلق اور اتصال کی۔ اس عدد کے مقابل حرف "و" ہے، چناں چہ یہی حرف عربی گرامر میں حرف اتصال کے طور پر استعمال ہوتا ہے۔

یہ ابجدی حساب ہے تو واقعی جھنجٹ، اور خلائی سفر کے زمانے میں باعمل انسانوں کو اتنی مہلت کہاں کہ ایسے بکھیڑوں میں پڑیں۔ مگر ان مثالوں سے یہ تو پتہ چل گیا ہوگا کہ ہمارے پرانے علوم کا بہت بڑا حصہ عربی رسم الخط میں بند ہے۔ جب ہم اپنا رسم الخط بدلیں گے تو یہ علوم بھی فی امان اللہ کہہ کر چلتے بنیں گے۔ لیکن واقعی ہائیڈروجن بم کی موجودگی میں ان علوم کی ایسی ضرورت بھی کیا ہے۔

ہمارے علوم کے لیے ابجدی حساب سہی، لیکن سوال یہ پیدا ہوتا ہے کہ ہماری مقدس زبان تو عربی ہے، عربی میں ابجدی حساب قائم رہے گا اور ہمارے علوم بھی زندہ رہیں گے۔ اردو خالص دنیاوی چیز ہے اور یہاں رسم الخط کو تقدیس کا درجہ حاصل نہیں۔ لہٰذا اب یہ سمجھنا لازمی ہو گیا کہ عربی رسم الخط کا اسلام اور اسلامی تہذیب سے کیا تعلق ہے اور یہ رسم الخط مسلمانوں کے بنیادی عقائد اور نظام حیات اور طرز احساس کی کہاں تک نمائندگی کرتا ہے۔

عربی رسم الخط کا سب سے نمایاں فرق تو یہی ہے کہ یہاں دائیں طرف سے بائیں طرف کو لکھا جاتا ہے۔ سنسکرت میں بائیں طرف سے دائیں طرف کو چلتے ہیں۔ چینی میں پہلے اوپر سے نیچے کی طرف آتے ہیں اور پھر بائیں طرف سے دائیں طرف۔ کیا یہ فرق محض اتفاق یا عادت کا نتیجہ ہے؟

ہم لوگوں نے عام طور سے یہ بات نظرانداز کر رکھی ہے کہ ہمارے رسم الخط کا رخ بھی وہی ہے جو طواف کعبہ کا رخ ہے۔ طواف کرتے ہوئے خارجی مرکز یعنی کعبے کو بائیں ہاتھ کی طرف رکھتے ہیں اور دائیں سے بائیں کو چلتے ہیں۔ ہندو اپنے طواف میں مرکز کو دائیں ہاتھ رکھتے ہیں، اور بائیں سے دائیں کو چلتے ہیں، جیسے سنسکرت رسم الخط میں ہوتا ہے۔ طواف شروع کرتے ہوئے ہندو پہلے بایاں پیر آگے بڑھاتے ہیں اور مسلمان دایاں پیر۔ یعنی طواف کی جو رسم چند حاجی سال میں ایک دفعہ ادا کرتے ہیں وہ ہر پڑھا لکھا مسلمان رسم الخط کے ذریعے ہر روز ادا کرتا ہے۔ اگر طواف کی کوئی دینی اور روحانی معنویت ہے تو یہ فیض ہمیں رسم الخط ہر روز پہنچاتا ہے اور حقیقت کعبہ ہر وقت ہماری نظروں کے سامنے رہتی ہے۔

رسم الخط اور طواف کعبہ کا رخ تو خیر ایک ہوا لیکن طواف کا طریقہ بھی کوئی بے خیالی میں مقرر نہیں ہوا۔ اس کا تعلق سمتوں کے تعین سے ہے۔ دنیا میں سمتیں دو طریقوں سے متعین ہوتی ہیں۔ ایک طریقہ یہ ہے کہ شمال کی طرف منہ کریں تو پیچھے جنوب ہوگا۔ دائیں ہاتھ کی طرف مشرق اور بائیں ہاتھ کی طرف مغرب۔ اسے قطبی تعین کہتے ہیں۔ دوسرا طریقہ یہ ہے کہ جنوب کی طرف منہ کریں تو پیچھے شمال ہوگا۔ دائیں طرف مغرب اور بائیں طرف مشرق۔ یہ شمسی تعین ہے۔ لیکن دونوں طریقوں میں فضیلت مشرق کو ہی حاصل ہے کیوں کہ مشرق نور سے وابستہ ہے اور مغرب تاریکی سے۔ قطبی تعین میں دایاں ہاتھ مشرق کی طرف ہوتا ہے اس لیے دائیں ہاتھ کو برتر سمجھا جاتا ہے۔ شمسی تعین میں مشرق کی طرف بایاں ہاتھ ہوتا ہے، اس لیے برتری بائیں ہاتھ کو ملتی ہے جیسے چینیوں کے یہاں ہر اچھا کام بائیں ہاتھ سے ہوتا ہے۔ قطبی طریقہ اسلامی روایت میں رائج اور شمسی طریقہ ہندو اور چینی روایت میں۔

کہتے ہیں کہ انسان کا سب سے قدیمی طریقہ قطبی تھا اور یہ بھی کہتے ہیں کہ اس زمانے میں انسان کے لیے معرفت حاصل کرنا بھی آسان تھا۔ لیکن جیسے جیسے انسان مخلوقات میں پھنستا گیا اور اصل الاصول سے دور ہوتا گیا، اس کے لیے ضروری ہوگیا کہ وہ کائنات اور محسوسات کے ذریعے حقیقت تک پہنچے۔ جب معرفت کے طریقے بدلے تو سمتوں کا تعین بھی بدل گیا اور شمسی طریقہ اختیار کیا گیا۔ اس شمسی تعین کے علامتی معنی یہ ہیں کہ پہلے کائنات کا عرفان حاصل کرو، پھر اس کے ذریعے حقیقت تک پہنچو گے۔ یہ کیفیت چوں کہ تنزل کی تھی، اس لیے ہر پرانی تہذیب میں وقتاً فوقتاً یہ کوشش ہوتی رہی ہے کہ پرانی حالت پھر واپس آجائے اور اصل الاصول سے براہ راست تعلق دوبارہ قائم ہو۔ ان کوششوں کے ضمن میں قطبی تعین بھی دوبارہ اختیار کیا گیا۔

مثلاً چین میں گیارہویں صدی قبل مسیح کے قریب یہی تجدیدی تحریک چلی اور دائیں ہاتھ کو فوقیت دی گئی۔ مگر لوگ پھر شمسی تعین پہ آرہے۔ ہندوؤں کے یہاں شمسی تعین تھوڑے سے فرق کے ساتھ ہے کیوں کہ وہ منہ مشرق کی طرف کرتے ہیں۔ مگر ان کے یہاں ابھی ابتدا میں قطبی طریقہ ہی رائج تھا۔ یہ اسی سے ظاہر ہے کہ "اتر" کے معنی ہیں سب سے اونچا نقطہ۔ اسی طرح چینیوں کی ایک مقدس کتاب کہتی ہے کہ "آسمانی راستہ" دائیں ہاتھ کو ترجیح دیتا ہے اور "زمینی راستہ" بائیں ہاتھ کو۔ انسانوں نے "زمینی راستہ" اس لیے اختیار کیا کہ انھوں نے "آسمانی راستہ" کھو دیا تھا۔ غرض چینی اور ہندو روایتیں بھی اپنے شمسی تعین کے باوجود قطبی تعین کے قدیم اور افضل ہونے کی قائل ہیں — اور قطبی تعین کے ساتھ دائیں ہاتھ کی برتری وابستہ ہے۔

میں بتا چکا ہوں کہ ہر تہذیب میں قطبی تعین کو زندہ کرنے کی ناکام کوشش ہو چکی ہے۔ اسلام نے اسی تعین کو کامیابی کے ساتھ زندہ کیا ہے۔ اسلام کا دعوی بھی تو یہی ہے کہ اسلام کوئی نیا دین نہیں بلکہ دین ابراہیمی کا احیا ہے۔ بلکہ بعض ہندو عارف بھی یہ کہتے ہیں کہ موجودہ یگ میں سناتن دھرم کی آخری شکل اسلام ہے۔

اب اس احیا اور تجدید کا مطلب اچھی طرح سمجھ لیجیے۔ میں یہ باتیں شیخی بگھارنے کے لیے نہیں لکھ رہا ہوں اور نہ میرا مقصد یہ ثابت کرنا ہے کہ اسلام دنیا کا بہترین مذہب ہے۔ میرا موضوع تو صرف اتنا ہے کہ اسلام کے امتیازی اوصاف کیا ہیں اور ان کا رسم الخط سے کیا تعلق ہے۔ جہاں تک بنیادی مابعد الطبعیات کا تعلق ہے وہ تو چینی ہندو اور اسلامی تینوں روایتوں میں مشترک ہے اور وحدت الوجود کا تصور بھی تینوں جگہ یکساں ہے۔ اگر فرق ہے تو نقطہ نظر میں اور معرفت حاصل کرنے کے طریقوں میں اور ان حقائق کے اظہار کے اسالیب میں۔ اصل الاصول کو تو ہندو اور چینی بھی اسی طرح سمجھتے ہیں جس طرح مسلمان۔ مگر چینی لوگ تو بالعموم اور ہندوؤں میں سانکھیہ درشن سے متعلق لوگ کائناتی نقطہ نظر اختیار کرتے ہیں۔ ان کا خیال ہے کہ انسان کو ابتدا ان چیزوں سے کرنی چاہیے جو فوراً گرفت میں آسکیں۔ یعنی مخلوقات اور اس کے بعد بتدریج اصل الاصول کی طرف بڑھنا چاہیے۔ اسی لیے یہ لوگ اپنا منہ سورج کی طرف کر کے سمتوں کا تعین کرتے ہیں اور ان کا رسم الخط بائیں جانب سے دائیں جانب کو چلتا ہے۔ اس کے برخلاف مسلمان ایک دم سے لاالہ الا اللہ کہتے ہیں۔ یعنی اسلام نے مابعد الطبعیاتی نقطہ نظر اختیار کیا ہے، اور اصل الاصول سے براہ راست تعلق قائم کرنے پر زور دیا ہے۔

کائناتی نقطہ نظر اسلام میں بھی موجود ہے اور مابعد الطبعیاتی نقطہ نظر چینی اور ہندو روایتوں میں بھی۔ فرق صرف اصرار و تاکید کا ہے۔ ہندو اور چینی نیچے سے اوپر کی طرف جاتے ہیں، مسلمان اوپر سے نیچے کی طرف آتے ہیں اور تینوں روایتوں کے نزدیک انسان کا اولین اور قدیم ترین طریقہ بھی یہی تھا۔ اسلام نے اسی کو پھر سے زندہ کیا ہے۔ اس مابعد الطبعیاتی نقطہ نظر پہ زور دینے کی وجہ سے اسلام نے قطبی تعین اختیار کیا، دائیں ہاتھ کو بائیں ہاتھ پر فوقیت دی، طواف کعبہ میں حرکت کی سمت دائیں سے بائیں کو مقرر کی اور رسم الخط بھی وہ لیا جو دائیں سے بائیں کو چلتا ہے۔ کیوں کہ یہ سب چیزیں اصل الاصول سے قربت پر دلالت کرتی ہیں۔ چناں چہ ہمارا رسم الخط تو ملت ابراہیم حنیف کا پرچم ہے بلکہ

یہ رسم الخط تو موذن ہے جو ہر وقت لاالہ الا اللہ پکارتا رہتا ہے۔ غازی ہے جو اللہ اکبر کے نعروں سے تعینات کی فوجوں کو غارت کر کے واحدیت اور احدیت کا اقتدار قائم کرتا ہے۔

چناں چہ ہمارا رسم الخط سب سے پہلے تو کلمہ توحید کی نشانی ٹھہرا اور اس سے زیادہ بنیادی چیز اسلام میں کوئی اور ہو نہیں سکتی۔ لیکن ابھی دیکھتے جائیے، اس بھان متی کے پٹارے میں سے بہت کچھ نکلے گا۔ چوں کہ ہم ساتھ ساتھ چینی اور سنسکرت رسم الخط پر بھی نظر ڈالیں گے۔ اس لیے چینیوں کی دو ایک اصطلاحیں سمجھ لیجیے۔ ان سے بات آسان اور مختصر بھی ہو جائے گی۔ چینی مابعد الطبعیات میں اصل الاصول کے پہلے دو تعینات ہیں۔ آسمان اور زمین۔ ہندوؤں کے یہاں انھیں کو پرش اور پراکرتی کہتے ہیں۔ آپ انھیں ماہیت اور مادہ سمجھیے (مگر یہاں مادے کے وہ معنی نہیں جو مغرب نے اس لفظ کو دیے ہیں) ان دو اصولوں کے ملنے سے ظہور واقع ہوا، یا کائنات وجود میں آئی۔ آسمان فاعلی اصول ہے جو خود تو حرکت نہیں کرتا مگر دوسری چیزوں کو حرکت میں لاتا ہے۔ زمین مفعولی اصول ہے جو آسمان سے آنے والے اثر کو قبول کرتا ہے اور اس طرح چیزوں کو وجود میں لاتا ہے۔ آسمان میں تذکیر ہے اور زمین میں تانیث۔ ان دونوں اصولوں کی مشترکہ علامت یہ ہے: ⊥

عمودی خط آسمان ہے، افقی خط زمین۔ ہمارے یہاں 'ا' اور 'ب' کے علامتی معنی بھی یہی ہیں۔ آپ جانتے ہیں کہ چینی رسم الخط پہلے تو اوپر سے نیچے کی طرف آتا ہے اور پھر بائیں سے دائیں طرف چلتا ہے۔ اس طرح چینی رسم الخط میں یہ دونوں لکیریں موجود ہیں۔ چناں چہ یہ رسم الخط ظہور و تخلیق کے ان دو اصولوں کی نمائندگی کرتا ہے۔ دوسرے اعتبار سے ایک اور معنی پیدا ہوتے ہیں۔ عمودی خط اصل الاصول، اس کے تنزلات اور تعینات کی طرف اشارہ کرتا ہے یا مراتب وجود کی علامت ہے۔ افقی خط مخلوقات کا نمائندہ اور دونوں مل کر انسان اور اس کی کائنات کی قائم مقامی کرتے ہیں۔ غرض رسم الخط اصل الاصول، مخلوقات اور انسان کے باہمی رشتے کا پورا نقشہ آنکھوں کے سامنے لے آتا ہے۔ عربی اور سنسکرت رسم الخط میں عمودی خط نہیں ہوتا، صرف افقی خط ہوتا ہے۔ اس کی وجہ یہ کہ اصل الاصول تو مخلوقات کے اندر موجود ہی ہے۔ اسے الگ سے دکھانے کی ضرورت نہیں سمجھی گئی۔

آسمان اور زمین تو ظہور کے دو اصول ہوئے۔ اب مخلوقات کو سمجھنے کے لیے چینیوں نے ان سے دو اصول اخذ کیے ہیں جنھیں یانگ اور ین کہتے ہیں۔ یانگ باطن ہے، ین ظاہر۔ یانگ نور ہے، ین ظلمت۔ یانگ فاعل، مثبت اور مذکر ہے۔ ین مفعول، منفی اور مونث۔ یانگ بالفعل ہے، ین بالقوہ۔ یانگ کا تعلق عقل کل سے ہے اور ین کا حسیات سے۔ لیکن یہ دونوں اصول ایک دوسرے کی تکمیل کرتے ہیں اور الگ الگ نہیں رہ سکتے۔ ہر چیز میں یانگ بھی ہوتا ہے اور ین بھی۔ البتہ کسی چیز میں یانگ زیادہ ہوتا ہے اور کسی میں ین۔ اسی زیادتی کے اعتبار سے چیزوں کو ین اور یانگ میں تقسیم کیا جاتا ہے (آسانی کی خاطر میں نے اصطلاحیں چینیوں کی لے لی ہیں۔ ورنہ ان دو اصولوں کا تصور ہر روایت میں موجود ہے۔ ہندوؤں کے یہاں برہمانڈ اور یونانیوں کے یہاں ہرمیز کے عصا پر دو سانپ اور مسلمان کے یہاں جنت کی دو نہریں انھیں اصولوں کی نمائندگی کرتی ہیں)

اوپر بیان ہو چکا ہے کہ اگر رسم الخط دائیں سے بائیں کو چلے تو قطبی تعین ہو گا اور بائیں سے دائیں کو چلے تو شمسی۔ قطبی تعین میں آدمی کا منہ شمال کی طرف ہوتا ہے اور شمال ین ہے۔ اس کا مطلب یہ ہوتا ہے کہ آدمی اصل الاصول کے مقابلے میں تو اپنے آپ کو ین سمجھتا ہے اور کائنات کے مقابلے میں یانگ۔ اسی لیے تو وہ اپنا تکملہ ڈھونڈنے کے لیے ین یعنی شمال کی طرف متوجہ ہوتا ہے۔ شمسی تعین میں آدمی جنوب یا مشرق کی طرف منہ کرتا ہے جو یانگ ہیں۔ یعنی انسان کائنات کے مقابلے میں بھی اپنے آپ کو ین تصور کرتا ہے۔ اس طرح یہ دو تعین انسان اور کائنات کے باہمی رشتے کے متعلق دو مختلف تصورات کے حامل ہیں۔ شمسی تعین اس بات پر دلالت کرتا ہے کہ کائنات کے مقابلے میں انسان کی حیثیت مفعولی، منفی اور مونث ہے۔ قطبی تعین کا مفہوم یہ ہے کہ کائنات کے مقابلے میں انسان کی حیثیت فاعلی، مثبت اور مذکر ہے۔

اس قطبی تعین کی رو سے ہمارے رسم الخط کا رخ مقرر ہوا ہے۔ چناں چہ یہ رسم الخط کائنات کے بارے میں ہمارے تصور کی بھی نشانی ہے۔ یوں ہونے کو تو عبرانی رسم الخط کا بھی رخ یہی ہے۔ مگر یہودیوں نے سمتوں کی تذکیر و تانیث میں ایسی تبدیلیاں کی ہیں کہ ان کے یہاں قطبی تعین کی معنویت پوری طرح محفوظ نہیں رہی۔ حضرت عبد الکریم جیلی کہتے ہیں کہ اول تو خدا نے یہودیوں کو پورا علم نہیں دیا اور جتنا علم انھیں ملا ہے اسے انھوں نے مسخ کر دیا، یہی وجہ ہے کہ یہودیوں میں کوئی کامل نہیں۔

عربی رسم الخط کے رخ سے پتہ چلتا ہے کہ مسلمان یانگ کو پہلے رکھتے ہیں اور سنسکرت اور چینی رسم الخط کا مفہوم یہ ہے کہ ین کو پہلے لیا گیا۔ یانگ کی فوقیت تو خیر تینوں جگہ مسلم ہے لیکن یانگ کو پہلے رکھنا مابعد الطبعیاتی نقطہ نظر کی نشانی ہے جو اسلام نے اختیار کیا ہے اور ین کو پہلے رکھنا کائناتی نقطہ نظر کی دلیل ہے جو چینیوں نے اور ہندوؤں میں سانکھیہ درشن نے اختیار کیا ہے۔ یہ سلوک اور معرفت حاصل کرنے کے دو مختلف طریقے ہیں۔ آخر میں جا کے تو خیر سب راستے ایک ہو جاتے ہیں لیکن کائناتی نقطہ نظر کہتا ہے کہ اصل الاصول کی معرفت حاصل کرنے کے لیے پہلے کائنات کو دیکھو، محسوسات سے کام لو، ظاہر سے باطن کی طرف چلو۔ مابعد الطبعیاتی نقطہ نظر کہتا ہے کہ پوری توجہ اصل الاصول پر ہی مرکوز رکھو، عقل کلی کی رہ نمائی حاصل کرنے کی کوشش کرو، باطن کے ذریعے ظاہر کو سمجھو۔ ویسے تو یہ دونوں طریقے تینوں جگہ بیک وقت موجود ہیں۔ فرق صرف اس بات کا ہے کہ زور کس طریقے پر دیا گیا۔ مسلمانوں کا قطبی تعین بتاتا ہے کہ یہاں زور مابعد الطبعیاتی نقطہ نظر پہ ہے۔ لہٰذا ہمارا رسم الخط سلوک کے ایک خاص طریقے کی نشانی بھی بن جاتی ہے۔

پھر چونکہ انسان کامل کا درجہ سلوک کی یہ راہ طے کرنے سے ملتا ہے، اس لیے یہ رسم الخط انسان کامل کی بھی علامت ہے۔ ایک بات اس سے بھی آگے نکلتی ہے۔ انسان کامل کے کئی مفہوم ہیں، جن میں سے ایک یہ ہے کہ انسان کامل تو صرف آں حضرت ہیں۔ اس لیے یہ رسم الخط حقیقت محمدیہ کی طرف بھی اشارہ کرتا ہے۔ کیوں کہ قطبی تعین کی معنویت جس اکملیت اور جامعیت کے ساتھ آپ کو حاصل ہوئی اس طرح کسی اور کو نہیں ہو سکتی۔

قطبی اور شمسی تعین سے جو مختلف مطالب پیدا ہوتے ہیں وہ میں پیش کر چکا ہوں۔ اس بیان سے آپ کو سمتوں کے تعین کی اہمیت کا اندازہ بھی ہو گیا ہو گا۔ کسی قوم یا تہذیب کی روحانی اور ذہنی شخصیت کو سمجھنے کے لیے ہمیں سب سے پہلے یہ دیکھنا چاہیے کہ اس نے قطبی تعین اختیار کیا ہے یا شمسی۔ کیوں کہ سمتوں کے تعین ہی سے پتہ چلتا ہے کہ اس تہذیب نے اصل الاصول اور کائنات کے درمیان انسان کو کیا جگہ دی ہے اور انسان کی کیا حیثیت رکھی ہے۔

کسی تہذیب نے انسان کی جو حیثیت مقرر کی ہو گی، اسی کے حساب سے مختلف تہذیبی مظاہر مثلاً ادب، فنون، لباس، آداب و اطوار وغیرہ صورت پذیر ہوں گے۔ اگر اس تہذیب کے نمائندوں نے اپنی روح برقرار رکھی ہے اور اپنے آپ کو مسخ نہیں کیا تو آپ اس کا رسم الخط دیکھ کر ہی بہت کچھ اندازہ لگا سکتے ہیں کہ اس کے تہذیبی ماہر کس قسم کے ہوں گے۔ آپ دیکھ ہی چکے ہیں کہ اگر رسم الخط دائیں سے بائیں کو چلے تو اس کا مطلب ہوتا ہے کہ قطبی تعین، اور قطبی تعین سے مراد ہے مابعد الطبعیاتی نقطہ نظر، ظاہر کے بجائے باطن پر زور، مخلوقات کے بجائے اصل الاصول پر توجہ مرکوز کرنا، حسیات پر عقل کلی کو ترجیح دینا، نورانیت، فاصلیت اور مردانیت۔

کیا یہ وہی عناصر نہیں ہیں جو مختلف لوگوں نے کبھی تعریف کے لیے اور کبھی تنقیص کے لیے اسلامی ادب، فن، تعمیر، نقش گری، معاشرت اور فی الجملہ پوری اسلامی تہذیب میں دیکھے ہیں؟ یہ چیزیں اچھی ہیں یا بری، اس سے مجھے کوئی مطلب نہیں اور نہ اسلامی تہذیب کے متعلق تفصیلی بحث کرنے کا یہاں موقع ہے۔ کہنے کا مقصد صرف اتنا ہے کہ عموماً انہیں چیزوں کو اسلامی تہذیب کے بنیادی عناصر سمجھا گیا ہے اور ان تمام تہذیبی عناصر کی ایک نہایت ہی جامع اور نہایت ہی مختصر

علامت ہے ہمارا رسم الخط۔

لیجیے میں نے اپنا وعدہ پورا کیا۔ یہاں سے وہاں تک مضمون لکھ گیا اور کام کی ایک بات نہیں کہی اور نہ افادی یا عملی پہلو کہیں آنے دیا۔ بارے آموں کا بیان ہو گیا۔

لیکن جس چیز کو حقیقی معنوں میں (ٹی ایس ایلیٹ کے معنوں میں نہیں) روایت کہتے ہیں وہ بڑی ہنسوڑی ہے۔ بے ہنگم ہے۔ بے ہنگم بات میں معنی ڈال دیتی ہے۔ میرے ذہن میں ایک مصرع آیا، میں نے اسے عنوان کی جگہ رکھ دیا۔ بہر حال عنوان کے ذریعے رسم الخط اور آم ایک دوسرے کے پاس آبیٹھے۔ آم سرزمین پاکستان و ہند کا خاص پھل ہے۔ یہ بے جوڑ بات ہے کیوں کہ یہاں تو ذکر ہونا چاہیے تھا کھجور کا، جو عرب کا خاص پھل ہے، جہاں سے اسلام شروع ہوا اور میں اسلام ہی کے بارے میں مضمون لکھ رہا ہوں۔ لیکن حضرت مجدد الف ثانی پاکستان و ہند کے بارے میں کہتے ہیں کہ اس سرزمین کا خمیر یثرب اور بطحا کی مٹی سے ہے۔ اگر یہ خیال آرائی نہیں بلکہ ٹھیک بات ہے تو آم اور کھجور ایک چیز ہوئے اور کھجور کے متعلق رسول اللہ نے فرمایا ہے کہ اپنی پھوپھی یعنی درخت خرما کی تعظیم کرو، کیوں کہ وہ آدم کی بقیہ مٹی سے پیدا کی گئی ہے۔ اگر آم اور کھجور ایک چیز ہیں تو سرزمین پاکستان و ہند کے اعتبار سے آم کو بھی وہی جامعیت اور عدلیت حاصل ہوئی جو کھجور میں مجدد الف ثانی نے بتائی ہے۔ لہٰذا آم کھایئے۔

مگر آم کھانے کا طریقہ مجدد الف ثانی نے بہت ہی سخت مقرر کیا ہے۔ فرماتے ہیں:

> "اس فائدے کی حقیقت اس وقت میسر ہوتی ہے جب اس کا کھانے والا صورت سے گزر کر حقیقت تک جا پہنچا ہو اور ظاہر سے باطن تک پہنچ گیا ہو تا کہ غذا کا ظاہر اس کے ظاہر کو مدد دے اور غذا کا باطن اس کے باطن کو مکمل کرے، ورنہ صرف ظاہری امداد پر ہی موقوف ہے اور اس کا کھانے والا عین قصور میں ہے۔"

❁❁❁

یہ مضمون پڑھ کر بعض قارئین کو ایک خاص "علمی" بحث میں "مذہب" کی بے جا اور غیر ضروری مداخلت گراں گزری، کیوں کہ ان کے نزدیک مغرب میں ایسا نہیں ہوتا۔ مگر دور جدید کے آغاز تک مغرب بھی اس انداز نظر سے اس قدر بے گانہ نہیں تھا جتنا سمجھا جاتا ہے۔ مثلاً 1613ء میں کلود دیورے (Claude Duret) اپنی کتاب *Tresor de l histories des langues* میں لکھتا ہے کہ یہودی، مصری، عرب، ایرانی وغیرہ اپنی تحریر میں دائیں طرف سے بائیں طرف چلتے ہیں اور اس طرح پہلے آسمان کی یومیہ گردش اور دور کی نمائندگی کرتے ہیں۔ ارسطو کے نزدیک یہ حرکت کی کامل ترین شکل ہے کیوں کہ اس کا رخ وحدت کی جانب ہے۔ یونانی، رومی اور یورپ کی ساری قومیں بائیں طرف سے دائیں طرف چلتی ہیں۔ یہ دوسرے آسمان کی گردش ہے جو سات سیاروں کا مقام ہے۔ چینی اور جاپانی وغیرہ لکھنے میں اوپر سے نیچے کی طرف آتے ہیں۔ یہ "نظام فطرت" کے مطابق ہے جس نے انسان کا سر اوپر رکھا ہے اور پیر نیچے۔ میکسیکو کے لوگ تحریر میں یا تو نیچے سے اوپر کی طرف چلتے ہیں یا چکر دار لکیریں بناتے ہیں جیسے بارہ برجوں میں سورج کی سالانہ گردش۔ غرض لکھنے کے یہ پانچ طریقے اپنے اپنے انداز سے زمین کی وضع کے رموز، صلیب کی شکل اور زمین و آسمان کی وحدت کا اظہار کرتے ہیں۔

یہاں یہ بتا دینا غیر ضروری نہ ہوگا کہ یہ اقتباس مقبول فرانسیسی فلسفی مشل فوکو (Michel Foucault) کی ایک کتاب سے لیا گیا ہے۔ اور یہ فرق بھی ملحوظ خاطر رکھنا چاہیے کہ میں نے مضمون صوفیہ کے نقطہ نظر سے لکھا ہے جو خالص مابعد الطبیعیاتی ہے۔ کلود دیورے کا نقطہ نظر کائناتی ہے۔ دیورے نے تو صلیب کا ذکر عیسائی ہونے کے اعتبار سے کیا ہے۔ صوفیہ کے نزدیک صلیب علامت ہے کائنات کی۔ ■

(مشمولہ: مجموعہ محمد حسن عسکری)

—ڈاکٹر تابش مہدی

اُردو زبان و ادب

فصیح الملک حضرتِ داغؔ دہلوی کا یہ شعر پوری اردو دنیا میں پہنچ چکا ہے:

اردو ہے جس کا نام ہمی جانتے ہیں داغؔ
ہندوستاں میں دھوم ہماری زباں کی ہے

یہ کوئی تعلّی یا مبالغہ آرائی نہیں، بل کہ اُردو زبان کی اہمیت و مقبولیت کی سچی اور حقیقی تصویر کشی ہے۔ اُردو نہ صرف ایشیائی زبانوں میں ممتاز و نمایاں حیثیت رکھتی ہے، بل کہ اپنے علمی و ادبی سرمائے، زندگی کے مختلف شعبوں میں اپنی شرکت اور دنیا کے ایک بڑے حصے میں بولی اور سمجھی جانے کی وجہ سے ایک عالمی زبان بن چکی ہے۔ آپ عرب، خلیجی ممالک، یورپ، امریکا، ملیشیا اور سنگاپور کہیں بھی چلے جائیے، آپ دیکھیں گے کہ وہاں کی اپنی مقامی یا علاقائی زبانوں کے بعد سب سے زیادہ اُردو زبان ہی بولی اور سمجھی جاتی ہے۔ ہر علم و فن اور ہر شعبۂ زندگی کی کتابیں اُردو میں موجود ہیں اور ان میں روز بہ روز اضافہ ہو رہا ہے۔ لیکن یہ عجیب ستم ظریفی ہے کہ اِس عظیم و وسیع زبان کی تمام تر اہمیت، ہر دل عزیزی اور مقبولیت کے باوجود اس کے تعلیمی و تدریسی مسائل پر بہت کم توجہ دی گئی ہے۔ اس سلسلے میں جو کام ہوا ہے، اس کا کوئی تناسب نہیں بنتا ہے۔ اِس پہلو سے مقدار و معیار دونوں اعتبار سے اُردو زبان کا شعبہ بہت کم زور ہے۔

اُردو کا مزاج عالمی و آفاقی ہے۔ اِسے کسی علاقے یا خطّے میں محدود کر کے اس کی قدر و قیمت کا اندازہ نہیں کیا جا سکتا۔ جس طرح یہ ایک عالمی و آفاقی مزاج رکھتی ہے، اسی طرح اس کی تعیینِ قدر کے لیے بھی عالمی و آفاقی زاویۂ نظر درکار ہے۔ بعض لوگوں کا یہ خیال درست نہیں کہ اُردو میں صرف عربی، فارسی یا بعض مقامی بولیوں کے الفاظ ہیں۔ یہ محض ایک محدود اندازِ نظر ہے۔ اُردو میں تقریباً دنیا کی ہر زبان کے الفاظ موجود ہیں۔ جہاں کی جو زبان جتنی اہم ہے، اُتنا ہی اِس نے اُس سے استفادہ کیا ہے اور اس کی اچھی اور معیاری قدروں کو اپنے دامن میں جگہ دی ہے۔ شاید یہی وجہ ہے کہ اُردو کے حروفِ تہجّی کی تعداد دوسری زبانوں سے زیادہ ہے۔ لیکن ان سب کے باوجود اِسے کسی دوسری زبان کی نقل یا چربہ نہیں کہا جا سکتا۔ اُردو نے تمام زبانوں سے الگ تھلگ ہو کر آزادانہ طور پر اپنی تعمیر و توسیع کی ہے۔ اس نے بعض مفید اور ضروری الفاظ دوسری زبانوں سے حسبِ موقع لیے ہیں، لیکن اپنی ساخت اور مزاج کو مجروح نہیں ہونے دیا۔ کسی زبان سے استفادہ اور چیز ہے اور اس کی نقل یا تتبّع بالکل دوسری چیز۔ اُردو کو کسی زبان کی نقل یا اس کے چربے سے تعبیر کرنا کسی بھی طرح مناسب نہیں۔

لفظ و معنیٰ، واحد و جمع، تذکیر و تانیث اور وضاحت و بلاغت کے سلسلے میں بھی اُردو کا اپنا الگ مزاج اور رویّہ ہے۔ اس کا وہ مزاج اور رویّہ بھی اُسے دوسری زبانوں سے ممتاز و ممیز کرتا ہے۔ مثلاً عربی کا لفظ 'اہلیہ'، عربی میں اس کے معنیٰ صلاحیت کے ہیں، جب کہ اُردو میں ہم اِسے 'بیوی' کے معنیٰ

میں استعمال کرتے ہیں، 'بساط' عربی میں ایک قسم کے فرش کو کہتے ہیں، جب کہ اُردو والے اِسے حیثیت کے معنیٰ میں استعمال کرتے ہیں۔ طاہر تلہری کا بہت مشہور شعر ہے:

میں کیا، مری بساط ہی کیا، بے اساس ہوں
جس کو کوئی پہن نہ سکے وہ لباس ہوں

عربی میں 'اولاد'، 'ولد' کی جمع ہے۔ اس کے معنیٰ فرزند یا بیٹے کے ہوتے ہیں۔ لیکن اُردو والوں نے 'اولاد' کو واحد کے طور پر استعمال کیا ہے اور جمع کے طور پر اولادوں یا اولادیں استعمال کرتے ہیں مولانا عامر عثمانی کا ایک شعر ملاحظہ فرمائیں:

جو مال و متاعِ دنیا کو تحقیر سے دیکھا کرتے تھے
ان شیر دلوں کی اولادیں، ہیں عاشقِ حسنِ دام و درم

اقبال کا بہت مشہور شعر ہے، جس میں انھوں نے 'اولاد' کو واحد کے طور پر استعمال کیا ہے:

آگ ہے، اولادِ ابراہیم ہے، نمرود ہے
کیا کسی کو پھر کسی کا اِمتحاں مقصود ہے

'دست' کے معنیٰ 'ہاتھ'، 'گُل' کے معنیٰ 'پھول'، 'چشم' کے معنیٰ 'آنکھ' اور 'خانہ' کے معنیٰ 'گھر' کے ہیں۔ لیکن اُردو میں اگر کوئی یوں بولے یا لکھے کہ ماں نے اپنے دست سے بیٹے کو کھانا کھلایا، اس کے پاس چمبیلی کا گل تھا، رات میری چشم میں درد تھا، حامد اپنے خانے میں موجود تھا تو یہ نہایت مضحکہ خیز بات ہوگی۔ حالاں کہ قواعد یا لغت کے اعتبار سے اِن جملوں میں کوئی غلطی نہیں ہے۔ لیکن روزمرّہ کے خلاف بولنے اور لکھنے کی وجہ سے یہ جملے فصاحت و بلاغت کی کسوٹی پر بالکل کھوٹے سکے ثابت ہوں گے۔

اچھی اور صحیح اُردو لکھنے اور بولنے کے لیے محض لغت اور قواعد کو رٹ لینا کافی نہیں، بل کہ اُردو کے مجموعی مزاج اور ماحول سے واقفیت بھی ضروری ہے۔ غالباً 1993 کی بات ہے۔ میں کسی ضرورت سے مرکزی مکتبے کے منیجر کے پاس گیا تو وہاں دو درجن سے زیادہ مذہبی کتابوں کے ایک مصنّف بیٹھے ہوئے تھے۔ ان کے ہاتھ میں مکتبے سے شائع شدہ نئی ڈائری تھی۔ وہ منیجر مکتبہ پر بُری طرح برس رہے تھے۔ لحمہ بہ لحمہ اُن کا آہنگ بلند سے بلند تر ہوتا جا رہا تھا موصوف فرما رہے تھے کہ یہ مکتبے کو ڈاؤن کیا جا رہا ہے۔ "اس طرح سے بہت جلد مکتبے کا بھٹّا بیٹھ جائے گا۔" اُن کا سارا غضب و غصّہ اس سال کی ڈائری میں شائع شدہ مولانا عامر عثمانی کی غزل کے اس مطلع پر تھا:

ترا ایک ہی ستم ہے، ترے ہر کرم پہ بھاری
غمِ دو جہاں سے دے دی، مجھے تو نے رستگاری

اُن کا اعتراض پہلے مصرعے کے لفظ 'ستم' پر تھا۔ ان کا کہنا تھا کہ اِس میں اللہ تعالیٰ کو 'ستم گر' کہا گیا ہے، جو سراسر کفر ہے۔ یہ ڈائری منظر عام پر آتے ہی دلّی اور دلّی سے باہر کے تمام مسلمان مکتبے پر یلغار کر دیں گے۔ مکتبہ برباد ہو جائے گا۔ ان کی یہ بھی ہمدردانہ رائے تھی کہ چوں کہ ابھی ڈائری نئی چھپ کر آئی ہے، لوگوں کی نگاہوں سے نہیں گزری ہے، اس لیے مناسب ہوگا کہ اِس شعر پر چیپی لگوا دی جائے۔ اِسی طرح کا ایک دوسرا واقعہ سنانا بھی دل چسپی سے خالی نہ ہوگا۔ یہ تقریباً بیالیس برس پہلے کی بات ہے۔ میں دیوبند میں دفتر تجلّی میں تنہا بیٹھا ہوا تھا۔ ملازمین کے آنے میں

کسی وجہ سے تاخیر ہوگئی تھی۔ اک عالم و فاضل میرے پاس آئے اور شاعری سے متعلق گفتگو چل پڑی۔ برسبیلِ تذکرہ علّامہ اقبالؔ کا ذکر آ گیا۔ علّامہ کا نام آتے ہی وہ صاحب چراغ پا ہو گئے۔ فرمایا: آپ شرابیوں، کبابیوں کا حوالہ دیتے ہیں، یہ سراسر فسق ہے۔ میں نے عرض کیا کہ میرے عزیز! یہ تو ہوسکتا ہے کہ ہمیں ان کی کسی بات سے اختلاف ہو اور یہ بھی عین ممکن ہے کہ ہم اپنے اختلاف میں حق بہ جانب ہوں۔ لیکن اقبالؔ جیسے شخص کو شرابی، کبابی کہنا بڑی جرأت کی بات ہے۔ کم از کم آپ جیسے عالم و فاضل شخص کے لیے یہ رویّہ قطعی مناسب نہیں۔ لیکن میری اِن معروضات کا کوئی اثر ان پر نہیں ہوا۔ انھوں نے اپنی بات پر اصرار کرتے ہوئے فرمایا: یہ بات میں ظن و گمان کی بنیاد پر نہیں، بل کہ معتبر شواہد کی بنیاد پر کہہ رہا ہوں۔ وہ اسی وقت میرے پاس سے اٹھ گئے، تقریباً پون گھنٹے کے بعد پھر تشریف لائے۔ ان کے ہاتھ میں ادارۂ شہادتِ حق دہلی کی مطبوعہ کتاب 'تلاشِ اقبال' تھی۔ یہ کوئی مستقل تصنیف نہیں، بل کہ اقبال سے متعلق مختلف اربابِ قلم کے مضامین کا مجموعہ ہے۔ ڈاکٹر خالد حامدی مرحوم اس کتاب کے مرتّب ہیں۔ مولانا سیّد ابوالاعلیٰ مودودیؒ کا بھی ایک مضمون اُس میں ہے۔ انھوں نے فہرستِ مضامین کی مدد سے مولانا مودودیؒ کا مضمون میرے سامنے کرتے ہوئے فرمایا: "لیجیے پڑھ لیجیے! میں نے اقبال کو شرابی بے بنیاد نہیں کہا۔" میں نے حیرت واستعجاب کے ساتھ مضمون پڑھنا شروع کیا۔ انھوں نے بڑے فاتحانہ انداز میں اپنے نشاں زد مقام پر میری توجّہ مرکوز کرائی۔ وہ پوری عبارت یوں تھی:

> "سب جانتے ہیں کہ اقبال نے یہی مغربی تعلیم حاصل کی تھی، جو ہمارے نوجوان انگریزی یونی ورسٹیوں میں حاصل کرتے ہیں۔ یہی تاریخ، یہی ادب، یہی اقتصادیات، یہی سیاسیات، یہی قانون اور یہی فلسفہ اُنھوں نے بھی پڑھا تھا۔ اور ان فنون میں وہ مبتدی نہ تھے، بل کہ فارغ التحصیل تھے۔ خصوصاً فلسفے میں تو ان کو امامت کا مرتبہ حاصل تھا، جس کا اعتراف موجودہ دور کے اکابر فلاسفہ تک کر چکے ہیں۔ جس شراب کے دو چار گھونٹ پی کر بہت سے لوگ بہکنے لگتے ہیں، مرحوم اس کے سمندر پیے بیٹھا تھا۔" (ص: 15)

ان کے نزدیک اقبالؔ کے شرابی ہونے کی شہادت عبارت کی آخری سطر "جس شراب کے دو چار گھونٹ پی کر بہت سے لوگ بہکنے لگتے ہیں، مرحوم اس کے سمندر پیے بیٹھا تھا۔" سے ہو رہی تھی۔

جن دو واقعات کا میں نے ذکر کیا، ان میں اُن دونوں اہلِ علم دوستوں نے جو باتیں کہیں اُنھیں کسی شرارت یا بدنیتی پر نہیں محمول کیا جاسکتا۔ دونوں نے جو کچھ کہا، بربنائے اخلاص کہا۔ لیکن ان کا وہ اخلاص اردو زبان و ادب کے مجموعی مزاج اور ماحول سے عدم واقفیت کا مظہر تھا۔ اُردو ادب اُن کے تعلیمی نصاب میں کبھی شامل نہیں رہا۔ اُن کی زبان دانی کا سارا انحصار لُغت پر تھا۔ انھوں نے صرف اور صرف لغت کو اپنا استاذ و رہ نما بنایا تھا۔ جب کہ تشبیہات و تعبیرات کے معاملے میں مجرّد لغت کو کافی نہیں قرار دیا جاسکتا۔

اُردو کی سب سے بڑی کم نصیبی یہ ہے کہ جس کے اندر ذرا سی بھی اُردو میں نوشت و خواند کی صلاحیت آئی، وہ اپنے کو اُردو زبان و ادب کا عالم و ماہر سمجھنے لگتا ہے۔ ہمارے مدارس کے فارغین اور یونی ورسٹیوں کے ڈگری یافتگان بھی اس سلسلے میں کسی سے پیچھے نہیں ہیں۔ ان میں ہر شخص اپنے کو اُردو تہذیب و ثقافت کا امین خیال کرتا ہے۔ کسی سے کچھ سیکھنے یا کسی کے سامنے زانوئے تلمّذ تہہ کرنے کو کسرِ شان سمجھتا ہے۔ وہ سمجھتا ہے کہ میں نے مدرسے سے سندِ عالمیت و فضیلت حاصل کر کے یا کسی یونی ورسٹی سے گریجویشن یا پوسٹ گریجویشن کی ڈگری لے کر اُردو زبان کو سیکھنے کا حق ادا کر دیا۔ اب تو میں خود معلم اور استاذ ہوگیا۔ مجھے کسی سے سیکھنے کی کیا ضرورت ہے۔ اپنے اس رویّے کی وجہ سے نہ پوچھیے کہ وہ کیسے کیسے لطائف کو

جنم دیتے ہیں۔ بڑے بڑے مصنفین اور پروفیسروں کو 'شخْص' کو 'شَخَص' (خاے مفتوح کے ساتھ)، 'اُسْوَہ' کو 'اُسوّہ' (واو مشدّد کے ساتھ)، 'مُعَزّز' کو 'مُعَزِّز' (زاے اول مکسور)، 'تَنَوُّع' کو 'تنوع' اور 'مُتَنَوِّع' کو 'مَتنوع' بولتے میں نے دیکھا ہے۔

ہمیں یہ بات نہ بھولنی چاہیے کہ اُردو محض ایک زبان نہیں، بل کہ ایک تہذیب بھی ہے۔ اپنی اسی تہذیب کی وجہ سے یہ ہر طبقے اور ہر ماحول میں پسند کی جاتی ہے۔ اسی کی وجہ سے علم اور فلم ہر جگہ اسے ہر دل عزیزی حاصل ہے۔ اِسے محض ڈکشنریوں، کلاسوں اور کتابوں سے نہیں حاصل کیا جاسکتا۔ اس کے لیے اُن اساتذہ کی ضرورت ہے، جنھوں نے زبان و تہذیب کے حصول میں اپنی زندگیاں صرف کی ہیں۔ جنھوں نے روزی روٹی کے مسئلے سے بلند ہوکر، سندوں اور ڈگریوں کی پروا کیے بغیر زبان و تہذیب کے عالموں اور رمز شناسوں کی جوتیاں سیدھی کرکے اِسے حاصل کیا ہے۔ باذوق اور مخلص معلم کے بغیر اُردو کی ڈگری تو حاصل کی جاسکتی ہے، لیکن اُردو زبان و تہذیب کو حقیقی معنوں میں نہیں سیکھا جاسکتا۔ کسی بھی زبان و تہذیب کا حقیقی استاذ و معلم وہی قرار پائے گا، جو اس کی تدریس کو محض منصبی فریضہ نہیں بل کہ اپنا محبوب مشغلہ خیال کرتا ہو۔ اس کے اندر تنقید و تحقیق سے بھر پور لگن ہو، وہ لفظوں کے معنیٰ، ان کے محل استعمال، ان کے تلفظ اور ان کے املے کا اچھا ذوق رکھتا ہو اور اِس ذوق کو دوسروں تک منتقل کرنے کی بھی اس کے اندر لگن ہو۔

جامعات کے بعض اُردو اساتذہ کو یہ کہتے سنا گیا ہے کہ اُردو میں حروفِ تہجی کی تعداد زیادہ ہے۔ اس کی وجہ سے اُردو کی تعلیم و تدریس میں دشواریاں پیش آتی ہیں۔ اُن کا یہ اعتراض بھی اُردو اور اس کے عالمی مزاج سے عدم واقفیت کا مظہر ہے۔ ایسی صورت میں یہ اندازہ کیا جاسکتا ہے کہ وہ اس کی ترویج و تربیت میں کس حد تک مفید ہوسکتے ہیں۔ یہ بات اِس حد تک تو قابل تسلیم ہے کہ دوسری زبانوں کے مقابلے میں اُردو کے حروفِ تہجّی کی تعداد زیادہ ہے۔ لیکن جب ہم اُردو کے مزاج اور اس کی وسعت کو سامنے رکھ کر غور کریں گے تو اِس نتیجے تک پہنچنا مشکل نہ ہوگا کہ حروفِ تہجّی کا زیادہ ہونا اُردو کی خامی یا نقص نہیں بل کہ اس کی خوبی اور وصف ہے۔ جو زبان مختلف زبانوں کے آمیزے سے بنی ہوگی، جس کی تشکیل و توسیع میں دوسری زبانوں سے استفادہ کیا گیا ہوگا، یا جس میں مختلف علاقائی اور مقامی بولیوں کو شامل کیا گیا ہوگا، اس کے حروفِ تہجّی دوسری زبانوں سے یقیناً زیادہ ہوں گے اور ہونے چاہییں۔ اِس سے اس کے اندر آسانیاں اور سہولتیں پیدا ہوتی ہیں اور یہی چیز اُس کے دامن کو وسیع کرتی ہے۔ یہ اس کا عیب نہیں بل کہ ہُنر ہے اور یہی ہُنر اسے تمام عداوتوں اور سازشوں کے باوجود اب تک زندہ رکھے ہوئے ہے۔

یہ ایک سخن گسترانہ بات تھی جو مضمون کے مقطعے میں آ گئی تھی۔ لیکن بات بے موقع نہ تھی۔ اُردو کی عالمی مقبولیت، لسانی وسعت اور موجودہ عہد میں بڑھتی ہوئی اس کی معنویت و افادیت کا تقاضا ہے کہ ہر سطح پر اس کی تدریس، تعلیم اور ترویج پر حکیمانہ و دانش مندانہ کوششیں کی جائیں۔ اس کے مجموعی ماحول اور اس کے منفرد لسانی مزاج کے شایانِ شان ایسے اساتذہ اور معلمین کی جستجو کی جائے، جو عصری پیشہ ورانہ مزاج سے ہٹ کر اِسے اس کے مزاج اور لسانی انفرادیت کے ساتھ پڑھانے اور گھر گھر پہنچانے کا جذبہ اور صلاحیت رکھتے ہوں اور زبان و بیان کی نزاکتوں، محاورات و روزمرّہ کی باریکیوں، لفظ و معنیٰ اور صحیح و درست تلفظ کا ان کو پورا شعور و ادراک ہو۔ اس لیے کہ یہی اُردو کی شناخت ہے۔ اور اِسی سے ہندستان بل کہ سارے جہاں میں اس کی دھوم بھی ہے۔ ■

—ڈاکٹر حسن رضا

جمہوریت کا سفر اور زبان و ادب

زبان اپنی گونا گوں صفات کے ساتھ جیسا کہ ہم سب جانتے ہیں ایک بے بہا عطیہ خداوندی ہے۔ یہ تکریم بنی آدم کا نشان، تخلیقی ذہانت کی امانت، خلافت فی الارض کی علامت، عقل کی ہم راز، ہمہ جہتی ارتقا کی ضمانت اور اس طرح عظیم تر نعمتِ الٰہی ہے۔ یہ دولت اگر ہمیں میسر نہ ہوتی تو ہم چلتے پھرتے شجر و حجر سے زیادہ کچھ نہ ہوتے۔ نہ کلام الٰہی کی دولت سے سرفراز ہوتے، نہ واقعہ طور ہوتا، نہ مقام زیتون آتا، نہ کشتی نوح کا سفر ہوتا اور نہ فاران کی چوٹی پر جبریل امین کا نزول ہوتا۔ الرحمان علم القرآن، خلق الانسان، علمہ البیان۔ خدا کی بے پایاں رحمت کا ادراک چاہتے ہیں تو اس کو اس طرح پڑھیے خلق الانسان، علمہ البیان، علم القرآن۔ تب آپ پکار اٹھیں گے فبای آلاء ربکما تکذبان۔ یہ انسان کی زبان اور اس کا تنوع ہے۔ اس کے اندر تخلیق کی بے پناہ قوت اظہار کی لازوال دولت ہے جو انسانی تہذیب و تمدن کو بام عروج پر پہنچا دیتی ہے اور انسان کو خدا سے ہم کلام ہونے کا شرف بخشتی ہے:

عروج آدم خاکی سے انجم سہمے جاتے ہیں
کہ یہ ٹوٹا ہوا تارہ مہ کامل نہ بن جائے (اقبال)

کسی قوم کی تعمیری قوت، اس کی معنوی دولت اور اس کی تسخیری صلاحیت کو دیکھنا چاہتے ہیں تو اس کا آسان نسخہ یہ ہے کہ آپ جائزہ لیجیے کہ اس قوم کا رویہ اپنی مادری زبان کے ساتھ کیسا ہے۔ قومی ریاست کے اس دور میں زبان کا سیاسی کھیل یوں ہی نہیں ہے۔ اس کے پیچھے نوآبادیاتی اور سرمایہ دارانہ نظام کی پوری سازش کارفرما ہے۔ بہر حال اسلامی ادب کے علم برداروں کو یاد رکھنا چاہیے کہ زبان کو اس سطح ادراک پر فنی شعور کے ساتھ برتنے اور پرورشِ لوح و قلم میں مصروف رہنے یعنی تحدیثِ نعمت الٰہی کے جذبے کے ساتھ حسنِ اظہار کا نام اسلامی ادب ہے:

الفاظ و معنی میں تفاوت نہیں لیکن
ملا کی اذاں اور مجاہد کی اذاں اور (اقبال)

اس سطح بندگی پر الفاظ و معنی کے نئے رشتوں سے تن من کی اس دنیا کو اس خرابے میں آباد اور سرسبز و شاداب رکھنا۔ احساس جمال کی تسکین کے لیے نئے نئے گل بوٹے کھلاتے رہنا، نئی نئی کہانیاں اور بیانیہ اس طرح تراشتے رہنا کہ چارہ سازی و غم گساری میں انسانیت کے سفر میں ہم سب شریک رہیں، ادب اسلامی کا اصل وظیفہ ہے۔ واضح رہے کہ ادیب فقط واعظ نہیں ہوتا اور نہ خشک ناصح ہوتا ہے۔ وہ اصلاً چارہ ساز و غم گسار اور مجازی پیغمبر یا ہر زمانے کے موسی کے لیے ہارون ہوتا ہے۔ وہ سماج میں ہر مرض کی دوا نہیں بانٹتا ہے اور نہ کوئی نسخہ تجویز کرتا ہے، بلکہ وہ ایک سچا تیاردار اور غم خوار ہوتا ہے۔ اس کام کے لیے وہ کبھی گیت، کبھی غزل، قصیدہ، مرثیہ اور کبھی کہانی اور افسانے بناتا ہے۔ اگر ادیب و فن کار کی حقیقت پر سے پورا پردہ اٹھا دیں تو کہہ سکتے ہیں کہ وہ نائب روح الامین ہوتا ہے:

آتے ہیں غیب سے یہ مضامیں خیال میں
غالب صریر خامہ نوائے سروش ہے (غالب)

علامہ اقبال سے کسی نے دریافت کیا کہ آپ بھی وحی کو مانتے ہیں؟ اس کے جواب میں انھوں نے کہا تھا کہ کیوں نہیں! میں تو اس تجربے سے گزرتا بھی ہوں۔

یہیں سے اس بات کا سمجھنا بھی آسان ہو جاتا ہے کہ جلال بادشاہی ہو کہ جمہوری معاشرے کا سفر ہو، ۲۰۲۳ میں چند ریاستی انتخابات ہوں یا ۲۰۲۴ کا پارلیمانی الیکشن، اس شعور ادب کے تحت شاعری ہو یا نثر، اس کا فریضہ وقتی اور ہنگامی تبدیلی نہیں ہے۔ وہ اس سلسلے میں لاؤڈ اسپیکر کی آواز میں آواز نہیں ملاتا یا کنوینس نہیں کرتا ہے۔ ہاں اس کے لیے انقلاب یا تبدیلی کا خواب دِکھانا یا جو خواب ہم سب دیکھتے ہیں، ان کو حسین بنائے رکھنا ضروری ہے۔ کبھی کبھی ادیب ٹوٹے ہوئے خواب کی نئی تعبیر بھی کرتا ہے۔ یاد رہے کہ ادب کے اپنے کچھ آداب، کچھ شعریات، صنفیات اور حدود ہیں۔ لہٰذا جمہوری سفر میں وہ کسی پارٹی کا اس طرح حلیف یا حریف نہیں ہوتا کہ اس کے مینی فسٹو کو منظوم کر دے یا سیاسی پارٹی کے جھنڈے کو عنوان یا لیڈر کو ناول کا ہیرو بنا کر پیش کر دے۔ ہاں وہ کسی مینی فسٹو کو افسانے یا ناول کا پیش منظر بنانے کے بجائے اس کا پس منظر بنا سکتا ہے۔ سماج کے کسی سیاسی کردار کو اردو غزل کا رقیب بنا سکتا ہے۔ وہ طنز و مزاح کے تیر نیم کش سے کام لے سکتا ہے۔ وہ ضرورت پڑنے پر ہنستے ہنستے رُلا سکتا ہے جیسے اکبر نے انیسویں صدی کے نصف آخر میں سیاسی شکست کے بعد تہذیبی محاذ پر مغرب سے مورچہ لیتے ہوئے قومی غیرت اور اسلامی حیا کو زندہ رکھنے کے لیے طنزیہ و مزاحیہ شاعری سے کام لیا تھا۔ کیوں کہ کسی قوم کی حیا مر جاتی ہے تو وہ قوم مرغ بسمل کی طرح تڑپ تڑپ کر بالآخر بے غیرتی کی قبر میں دفن ہو جاتی ہے۔ کسی قوم کے جذبہ حُریت کو جانچنا ہو تو اس کی قوم کی غیرت کو دیکھنا چاہیے کہ وہ اپنے ملک و قوم کی صنف نازک کے لیے کتنی غیور ہے۔ قرآن نے بنی اسرائیل کی بدترین غلامی کی انتہا کا ذکر کیا تو ان کی اس بے غیرتی اور بے بسی کا ذکر کیا: یذبحون ابناءکم ویستحیون نساء کم۔ مفسرین لکھتے ہیں کہ 'ابنا کم' کے مقابلے میں 'بناتکم' ہونا چاہیے تھا لیکن اس میں اس غیرت کو اتنی چوٹ نہیں لگتی ہے جتنی نسائکم کہنے سے پہنچتی ہے۔ اب ذرا اکبر کے اشعار ملاحظہ ہوں:

بٹھائی جائیں گی پردے میں بیبیاں کب تک
بنے رہو گے تم اس ملک میں میاں کب تک
حرم سرا کی حفاظت کو تیغ ہی نہ رہی
تو کام دیں گی یہ چلمن کی تیلیاں کب تک
(اکبر الہ آبادی)

بہر حال ادیب و شاعر معاشرے میں تہذیب و ثقافت اور اقدار و آداب کے مورچے کا سپاہی ہوتا ہے۔ اصلاً وہ ذہن کو مخاطب نہیں کرتا ہے۔ ذہنیت اور دہن کی حفاظت کرتا ہے۔ نظریہ نہیں دیتا، نظر بخشتا ہے۔ وہ سماج کی عدالت میں مظلوم کا وکیل نہیں بنتا، ظلم کا چشم دید گواہ ہوتا ہے اور حواس باطنی کی قوت سے ظلم کی ہر ادا کو اپنی گرفت میں لے لیتا ہے، جس کو ضرورت کے وقت وہ دکھا دیتا ہے۔ سچا ادیب و شاعر اپنی تخلیقی قوت کو بروئے کار لا کر انسانی قدروں کو لہو کی طرح انسانی رگوں میں رواں دواں اور ہمیشہ گرم رکھتا ہے۔ خون کا منجمد ہو کر ٹھنڈا ہو جانا موت کی علامت ہے۔ فن کار واقعات کو تجربات میں ڈھال کر انسانوں کے زندہ احساسات کا ان کو حصہ بنا دیتا ہے اور وقت پڑنے پر ان احساسات کو دل کی دھڑکن بناتا اور اس میں لہو کی ترنگ ملا کر اس کو عنابی کر دیتا ہے۔ وہ جذبات میں تموج اور ہلچل پیدا نہیں کرتا ہے، فن کی سان چڑھا کر ایک نئی دھار پیدا کر دیتا ہے۔ وہ احساسات کو شکست کھانے نہیں دیتا وہ دل کو آباد رکھتا ہے۔ دل کو بہلانے کی سب شاعرانہ منطق اور لفظیات وہ گھڑ لیتا ہے:

بستیاں کچھ ہوئیں ویران تو ماتم کیسا
کچھ خرابے بھی تو آباد ہوا کرتے ہیں
ہم جس کے ہو گئے وہ ہمارا نہ ہو سکا
یوں بھی ہوا حساب برابر کبھی کبھی
(آل احمد سرور)

یہاں ریاضی کی منطق نہیں شاعرانہ منطق سے کام لیا گیا ہے۔ یہ قوم کے لیے افیون نہیں ہے۔ قومیں نفع نقصان کی ریاضی منطق سے زندگی کا راز نہیں سیکھتی ہیں:

اگر عثمانیوں پر کوہ غم ٹوٹا تو کیا غم ہے
کہ خون صد ہزار انجم سے ہوتی ہے سحر پیدا (اقبال)

ادب افراد اقوام کو حسن آشنا رکھتا ہے، دل اگر حسن آشنا ہو تو خون جگر کا سب قطرہ نچوڑنے میں اس کو نیا مزہ ملتا ہے، پھر قربانی اس قوم کے لیے آسان ہو جاتی ہے۔ اجتماعی زندگی میں قربانی ہی زندگی اور ترقی کا دوسرا نام ہے۔

انسانی تہذیب کی بنیاد عدل و قسط ہے اور اس کا کمال و جمال موزونیت اور حسن توازن ہے۔ خدائے ذوالجلال و ذوالجمال بھی ہر آن عدل و قسط کی بلند ترین چوٹی پر ہوتا ہے اور ادیب و فن کار بھی اسی سلسلہ نور سے روشنی لے کر حسن کی فطری منزل پر بسیرا ڈالے رہتا ہے۔ لہٰذا دونوں نہ شرقی ہوتے ہیں نہ غربی، نہ دائیں بازو والے نہ بائیں بازو والے۔ ہاں ادیب و شاعر رقیبِ روسیاہ کو عام انسانوں کے مقابلے میں زیادہ پہچانتا ہے۔ کیوں کہ اس کی عصری حساسیت اس کو کوچہ رقیب میں بار بار لے جاتی ہے۔ اس لیے اس کوچے کے ہر راز سے وہ واقف رہتا ہے۔ چناں چہ اس کی ذمے داری ہے کہ اس راز کو جمہور میں عام کرتا رہے تا کہ کوئے جاناں میں کسی پر کسی کا زور نہ چل سکے۔ اور اس راہ میں وفا کی آبرو بھی باقی رہے۔ دنیا کا یہ مے کدہ آباد رہے اور جام، مینا، ساغر و صراحی سب رقیب کے قبضے میں نہ چلے جائیں کہ کوئی رازداں رقیب بن کر شراب میں کچھ ملا نہ دے۔

اسلامی ادیب و شاعر فطری طور پر حسن توازن کی حفاظت پر مامور من اللہ ہوتا ہے۔ اس لیے شاعری کا تجربہ پیمبری کے تجربے سے گویا مل جاتا ہے۔ دونوں پر غیب سے وحی آتی ہے۔ فرق یہ ہے کہ ایک پر حقیقی اور دوسرے پر مجازی۔ اس لیے وہ مجاز کے پردے میں ساری حقیقت اور رمز حق و باطل کو عیاں کرتا ہے۔ اس کی لفظیات و شعریات سیاست کی لفظیات اور الیکشن کی شعریات سے مختلف ہوتی ہیں۔

آنے والے دنوں میں ادارہ ادب اسلامی کے وابستگان سے امید کی جاتی ہے کہ وہ اس جمہوری کھیل میں محض تماشائی یا طرف داری کے بجائے فن کار کا جینوئن رول ادا کریں گے اور فرقہ پرستی کی اس گرد آلود فضا میں مجروح دلوں کی دھڑکن کو سنیں گے اور جو غیب سے کمک ملتی ہے، اس کی عظمت کا بھی خیال رکھیں گے۔ الفاظ و خیال کی کیمیائی عمل سے لفظوں میں معنی خیزی کی جو قوت پیدا ہوتی ہے، اس کا استعمال کرنے میں سہل انگاری سے کام نہیں لیں گے۔ اس پہلو سے ہمارا رول ادب کے میدان میں سیاسی دنگل میں کچھا باندھ کر کود جانا نہیں ہوگا اور نہ ہم لنگوٹ بند ہو کر سنیاس لے لیں گے، بلکہ حسن کی پاس داری کریں گے۔ حق کی گواہی دیں گے اور عشق کو دنیا داری سے بچانے کے لیے جمہوریت کی پر پیچ ادا اور وعدۂ فردا سے بھی جمہور کو بچانے کی کوشش کریں گے تا کہ نئے وار کو ملت سنبھال سکے:

جمہوریت کے پیچ پھنسی اقلیت تھا دل
موقع جسے جدھر سے ملا وار کر دیا
(نعمان شوق)

کیا ہوا جمہور کو روٹی اگر ملتی نہیں
تو ڈنر اور لنچ اڑا جمہوریت کے نام پر
(مجید لاہوری) ■